普通高等院校公共基础课程系列教材

大学生礼仪修养

主 编 徐 竹

副主编 范莉娜 靳 峡

清华大学出版社

北京

内 容 简 介

本书为首批上线国家高等教育智慧教育平台课程"有礼同行,伴礼一生——大学生礼仪修养"配套教材,是贵州省级精品课程配套教材,是2020年产学合作协同育人项目一流课程建设配套教材,本书精选其中优质资源做成二维码在书中进行了关联标注。

本书是一本立足当代大学生礼仪提升和素质养成的通识课教材和参考用书。教材立足当代大学生实际,主要从礼仪与修养的文化性出发,把思政的教育目标与知识、能力目标融会一致,包括大学生的形象礼仪、语言礼仪、校园礼仪、社交礼仪、求职面试礼仪五大方面的内容,又以礼仪的拓展性知识来结束。

本书既涉及大学生当下在学校和社会的礼仪知识,又涵盖大家在未来工作和职场可能会遇到的礼仪问题,既重实践,又不缺理论,是一本内容丰富,非常适合在校大学生学习的礼仪专业书籍。

图书在版编目(CIP)数据

大学生礼仪修养/徐竹主编.—北京:清华大学出版社,2022.4

普通高等院校公共基础课程系列教材

ISBN 978-7-302-59922-7

Ⅰ.①大…　Ⅱ.①徐…　Ⅲ.①大学生-礼仪-高等学校-教材　Ⅳ.①G645.5

中国版本图书馆 CIP 数据核字(2022)第 011693 号

责任编辑:左卫霞
封面设计:杨昆荣
责任校对:赵琳爽
责任印制:杨 艳

出版发行:清华大学出版社

网　　　址:http://www.tup.com.cn,http://www.wqbook.com
地　　　址:北京清华大学学研大厦 A 座　　　邮　编:100084
社 总 机:010-83470000　　　邮　购:010-62786544
投稿与读者服务:010-62776969,c-service@tup.tsinghua.edu.cn
质量反馈:010-62772015,zhiliang@tup.tsinghua.edu.cn
课件下载:http://www.tup.com.cn,010-83470410

印 装 者:三河市天利华印刷装订有限公司
经　　销:全国新华书店
开　　本:185mm×260mm　　　印　张:9.75　　　字　数:224 千字
版　　次:2022 年 6 月第 1 版　　　印　次:2022 年 6 月第 1 次印刷
定　　价:48.00 元

产品编号:093375-01

前言

习近平总书记指出："礼仪是宣示价值观、教化人民的有效方式，要有计划地建立和规范一些礼仪制度，如升国旗仪式、成人仪式、入党入团入队仪式等，利用重大纪念日、民族传统节日等契机，组织开展形式多样的纪念庆典活动，传播主流价值，增强人们的认同感和归属感。"礼仪关乎人格，关乎国格。

中华民族自古就以礼仪之邦著称于世，注重树立礼仪之邦的良好形象。我们党历来高度重视对国家重要礼仪的教育与宣传，特别是注重通过礼仪制度褒奖先进，彰显礼仪文化的时代价值。

在践行和传播礼仪文化的道路上，新时代大学生理应成为主力军。

2018 年，由本书编写团队开设的线上共享课程"有礼同行，伴礼一生——大学生礼仪修养"在智慧树平台上线，扫描下页二维码即可在线学习该课程，我们向全国的大学生推出了一门有实效、有乐趣、有温度的适合大学生学习的礼仪课程，该课程一经推出，受到全国高校和学生的喜爱，目前选课人数已达 10 万多人。我们发现，这样的一门课程是当今大学生亟须的，无论你是几年级，无论你学的什么专业，无论你身在何处。

我们关注礼仪，是因为它的文化博大精深；我们关注礼仪教学，是因为它可以被推广和让更多人学习；我们更关注大学生礼仪，是因为大学生可以成为礼仪文化的受益者，而更重要的是大学生可以成为中国传统美德和礼仪思想的继承人和传承人。

在构建大学生礼仪文化教育体系，大力传承发展中华优秀传统礼仪文化的道路中，我们立足教育之本心，紧紧围绕"培养什么人，怎样培养人，为谁培养人"的教育思想，以社会、家庭、校园为主要礼仪场景，让大学生通过学习，深刻认识礼仪在现代生活中的重要性和必要性，从而让大学生树立正确的价值观，在学习和生活中感知礼仪、领悟礼仪、践行礼仪，推动现代文明礼仪内化于心，外化于行。

本书特点如下。

（1）立足当代大学生实际，主要从礼仪与修养的文化性出发，把思政的教育目标与知识、能力目标融会一致，包括大学生的形象礼仪、语言礼仪、校园礼仪、社交礼仪、求职面试礼仪五大方面的内容，又以礼仪的拓展性知识来结束。

（2）既涉及大学生当下在学校和社会的礼仪知识，又涵盖大家在未来工作和职场可能会遇到的礼仪问题，既重实践，又不缺理论，是一本内容丰富，非常适合在校大学生学习的礼仪专业书籍。

本书由"有礼同行，伴礼一生——大学生礼仪修养"课程负责人、贵州民族大学徐竹老师担任主编,并承担了第 3～第 5 章的编写工作,贵州民族大学范莉娜教授和靳峡老师担任副主编,并分别承担了第 1 章和第 2 章、第 6 章和第 7 章的编写工作。要特别感谢贵州民族大学学生杨筌杰、黎明、吴倩、卢青红、李康源、张楠柠、赵安君姊,他们为本书做了图片拍摄和形象展示方面的工作。

在编写过程中,我们参阅了大量的书籍和报刊,在此对被参考和借鉴的书籍及报刊的作者表示深深的谢意。由于编者水平有限,书中不足之处在所难免,还请广大读者不吝赐教,多多包涵。

编　者

2022 年 2 月

国家高等教育智慧教育平台
大学生礼仪修养

大学生礼仪修养
在线开放课程

目录

CHAPTER ONE

第1章 礼仪与修养

教学目标

◆ **思政目标:**

理解内外兼修的重要性,懂得通过得体的外在形式来表达尊重的内在情感。领悟规范背后深层次的文化内涵、价值内涵和情感内涵。

◆ **知识目标:**

掌握我国礼仪的起源与发展过程。掌握礼仪的概念、特征与内涵。

◆ **能力目标:**

理解加强礼仪修养的必要性,端正学习礼仪课程的态度,掌握礼仪修养原则。

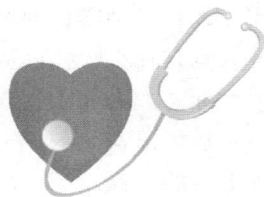

1.1 礼仪的含义

在交往活动中,每个人肯定都希望自己是有修养、有品位、有风度、有气质,懂得爱己、爱人的人气王。为了让交往对象认可自己,继而迅速接受自己,我们会在仪态、仪容、仪表、言行举止等方面约定俗成,形成共同认可的一种行为规范。中国有句古话说得好,女为悦己者容,士为知己者死。古时候的女子会为了自己喜欢的人而梳妆打扮,但到了 21 世纪,作为一个现代人,交往圈子在加大,交往频率在加快,除了希望能够取悦自己的爱人,更多的时候是试图给所有的交往对象留下一种如沐春风的感觉,从而获得更多的关注和机会。礼的重要性由此显现。

在解释"礼"的定义之前,先来了解"约定俗成"这四个字。每一位大学生相信都能体会到礼仪中的很多细节,忽略这些细节,某种程度来说后果并不会很严重,起码不会受到法律制裁,但是缺失了这些细节,会让交际双方不自在。例如,握手礼是见面最常用的礼节,这个礼节从史前时期就开始了,但与现在伸出右手和别人握手不同,那个时候的生产力水平非常低,所有的部落之间经常会为了食物大打出手。当一个部落和另外一个部落的人碰面时,为了表示对对方友好,彼此会伸出手来与对方击掌,这是告诉彼此:"我手里面没有任何武器,我对你没有恶意。"演变到现在,就表现为用右手与人握手。如果现在用左手与别人握手,问题也不大,但会让人觉得不自在,你伸出的左手和别人的右手很难握到一块儿。如果遇到用左手握手的人,大部分人会认为这个人不懂礼数。这就是约定俗成、共同认可的规范。既然是约定俗成,最初可能比较随意。但一旦被共同认可后,便具有了强制性。

1.1.1 什么是礼

在 5000 多年的历史演变中,我国不仅有一套庞大的内在礼的思想,还有一套庞大的外在礼的规范,且深入人心,形成了完整的伦理道德和生活行为规范,并最终内化为中华民族的自我意识,贯穿于心理行为之中。这一套完整的伦理道德、生活行为规范构成了一种文化,也就是礼仪文化。

什么是礼

我国的礼仪文化起源非常早,从传说中黄帝开始,经历了尧、舜、禹,以及夏、商、周王朝,直到周代,礼才逐渐系统化,趋向于完美,成为后世典范。在一些礼仪文化典籍中,如《周礼》《礼记》里面容纳了上至国家,下至黎民百姓所包含的所有相关内容。有祭祀、酬神时的祭礼,有国与国之间外交往来的宾礼,也有治国安邦的君礼,包括一个人生老病死、婚丧嫁娶,还有社交往来,内容十分丰富,在今天看来依然令人叹为观止。文化具有不自觉的继承性,礼仪文化也不例外。礼仪在古代是帮助统治者统治的工具,一些思想是必须摈弃的。现在是用一种辩证的思想看待礼仪文化。

礼究竟是什么呢?可从上下五千年的历史发展中总结出几点。首先,礼是人和兽相区别的典型标志。人和动物有相同性,也有很大的不同。在古代人看来,人和兽类的区别不是会不会运用语言,而在于是否懂得礼仪。动物没有礼,人不同,人不但懂得礼,而且制定了婚丧嫁娶的礼仪。

其次,礼是最高的自然法则。礼是仿照自然法则制定的,所以《左传·昭公二十五年》有云:"礼,上下之纪,天地之经纬也。"

最后,礼是治国之根本。礼在世界其他民族中是指礼貌、礼节,例如西方礼节就是这样。但在中国,却用它来治国,是中国传统文化中的一大特色。在古人眼里,礼对于安邦定国起到的是纲领性作用,是社会的准则。

总之,礼是指道德规范形成的大家共同遵守的准则;仪是指人们的容貌、举止、神态、服饰。礼仪是指体现在一定社会道德观念和风俗习惯中,表达人们礼节、动作、容貌、举止的行为规范。

1.1.2 表里相依的礼与仪

礼仪这个词在我国传统文化里包含两层含义:一个是礼;另一个是仪。礼是核心,仪是礼的表现形式,两者互为表里。它们如同形式与内在,相互依存,缺一不可。

区别礼和仪,对于提升礼仪的价值地位,于古于今都有着重要意义。《左传》中记载着这样一个故事:鲁昭公到晋国去访问,在晋国都城郊外,晋平公派大臣去行郊劳之礼。那个年代,国家之间迎宾仪式都是从"郊劳"开始的,仪式极为复杂。可贵的是,鲁昭公居然一点儿都没有出错。这让晋平公和大臣们都佩服不已,认为鲁昭公是一个懂礼之人,只有一位叫作叔齐的大夫说:"鲁昭公,根本不懂什么叫作礼。"晋平公非常奇怪,从郊劳之礼到目前的相互答谢、转赠礼物,鲁昭公一直表现得非常得体,怎么能说他不懂礼呢?叔齐回答说:"他们做的充其量只能算是仪而已。礼是用来维护国家秩序,推行政策法规的,可是目前鲁国内政混乱,鲁昭公却疏远贤臣,让奸佞小人把持朝政。作为国君,不精心考虑治国方略,却把注意力放在这些琐碎的礼仪规范上,这样的一个人,你怎么能说他懂礼呢?"由这个故事可以看出,在古代,礼和仪是不同的。即便在今天,礼仪虽然是一个词,却也包含着礼和仪的双重含义。

中国传统礼仪与西方礼仪不同,西方礼仪注重仪式,而中国传统礼仪更加重视礼是人修身养性的一种方式。孔子曾明确反对以器物仪节为主的礼,孔子主张礼要以仁义为核心。他认为,一个内心没有仁爱的人,礼仪对其是没有什么价值和意义的。

作为思想内核的礼很重要,作为外在形式的仪,也同样重要。我国古人很早就讨论过这个问题,从西周开始,我国古代社会进入文的时代,礼讲究服饰、器用、言语等外在的形式,这些慢慢变成一种制度留存下来,后人必须学习。魏国的大夫棘子成,在这个过程中不明白为何要学这些文的东西?他去问孔子学生子贡:"作为一名君子,有质朴的本性就行了,为什么还需要文的东西呢?"子贡回答说:"你把文等同于质,把质等同于文,怎么可以呢?虎豹不同于犬羊,是因为它们身上的毛纹不同,如果把它们的毛纹都去掉,就没什么区别了。"这里,子贡把文比喻成动物身上的毛纹,用来说明外在形式也非常重要。对于礼仪也如此。作为与日常行为不同的礼仪,就需要有一定的形式来表示区别。当质朴胜过了文雅,就会显得过于粗野;而当文雅胜过了质朴,就会显得很做作。只有内外兼修,文与质交相辉映,才是君子该有的风范。

古人把礼和仪分得很清楚,例如成年礼、婚礼、葬礼等,都包含了外在的形式。如婚礼要拜天地、拜高堂、夫妻对拜。但这些形式内里蕴涵着一种思想,为什么要拜天地?要拜父母？要夫妻对拜？往往外显的形式能够引起我们的注意,学起来很快,但内在的东西,会常常忽略,甚至把外在的表现形式认为就是礼。所以,很多企业都会开礼仪培训课,其实,都是在说仪而不是礼。课程一开始,教学员站、坐、行、蹲是普遍现象,训练时会发现,因为培训中有氛围,会做得很好。但自己私底下三天、五天,一个星期以后,就打回原形。因为礼仪是公司要求的,是做给别人看的,你会在别人面前对自己有要求,但还不能做到自律,必须靠别人监督,才能保持良好的行为习惯。实际生活中,我们往往忘记了礼是从内往外的。如果大学生不清楚这一点,那么很难在培训结束后继续坚持下去。

因此,中国人说的礼仪是一种律己行为,是要管理自己,做人要先学礼。孔子说"不学礼,无以立",要求我们注意自己的修养。礼和仪两者相辅相成,缺一不可。只懂仪不懂礼,表面功夫做得再好,也只是一个空壳,长久不了。而如果只有礼而没有仪,就不知道怎么做才是对别人的尊重,不表现出来,别人就感觉不到你的尊重,这就是孔子所说的"文质彬彬,然后君子"。这时你外显的东西就是你内涵的体现。

应用案例

叔孙通制礼仪

刘邦立国伊始,因他和手下的大将文化程度均不高,故群臣公然在朝廷上争功邀宠,醉后喧哗,很不像话。于是,叔孙通提出:"夫儒者难与进取,可与守成。"建议汉高祖制定礼仪法度,以明体统。刘邦采纳了他的意见,并让他负责礼制工作。叔孙通认为礼仪是随时事、人情而变化的,不能过于拘泥于旧有的礼法,而应采用符合时代要求的礼制。于是,他采古礼,参考秦仪,制定了汉初的朝仪,为汉代的礼仪奠定了基础,被司马迁称为"汉家儒宗"。叔孙通制定汉初的朝仪,恢复了儒家的礼制,顺应了汉初恢复封建统治秩序的要求,对汉代儒学的复兴以至独尊起了推动作用。

1.2 礼仪的起源与发展

1.2.1 礼仪的起源

礼仪的起源

关于礼仪的起源问题,历来观点众多。不管礼是怎么产生的,可以肯定的是,礼是人的礼。礼,伴随着人类的生活应运而生,并逐渐发展成熟。

关于礼仪起源,可大致归纳为以下几种。

1. 礼仪起源于祭祀

东汉许慎的《说文解字》中将礼解释为"礼,履也,所以事神致福也"。礼就是人躬行实践的行为,目的是侍奉天地鬼神,求其降福于人。远古时代,人类面对自然界的各种神奇力量,充满了敬畏。先民认为有一种超越自然的力量主宰着宇宙万物,左右着人类的生死祸福,这种力量就是神灵。神灵不是一,而是多,甚至认为一切物都有灵,这就是万物有灵说。

因此，人们无比虔诚恭敬的，以各种各样的仪式敬神、供神、求神和祭神。古时祭祀活动不是随意进行的，它是严格地按照一定程序、一定方式进行的。郭沫若在《十批判书》中指出："礼之起，起于祀神，其后扩展而为人，更其后而为吉、凶、军、宾、嘉等多种仪制。"

2. 礼仪起源于风俗习惯

人是不能离开社会和群体的，人与人在长期的交往活动中，渐渐产生了一些约定俗成的习惯，久而久之这些习惯就成了人与人交际的规范。比如，原始社会人们长期穴居，大多都是裸体，后来为了防寒防晒，防蚊虫叮咬，就用兽皮树叶进行遮挡，久而久之，人类羞耻心就有了，那么穿衣服就成了习俗的一个开始。随着文明的发展，人们在不同场合就会有不同穿着，踏上了礼仪之路。其他领域，诸如饮食礼仪、丧葬礼仪等，都是如此发展而来。当这些交往习惯以文字的形式记录，并同时被人们自觉遵守后，就逐渐成为人们交往固定的礼仪。遵守礼仪，不仅使人们的社会交往活动变得有序、有章可循，同时也能使人与人在交往中更具有亲和力。1922年《西方礼仪集萃》一书问世，开篇这样写道："表面上礼仪有无数的清规戒律，但其根本目的在于使世界成为一个充满生活乐趣的地方，使人变得平易近人。"可以说，礼仪产生于生活，产生于习俗。

3. 礼仪起源于法庭的规定

在西方，"礼仪"一词源于法语的"Etiguette"，原意是"法庭上的通行证"。古代法国为了保证法庭中活动的秩序，将印有法庭纪律的通告证发给进入法庭的每个人，作为遵守的规矩和行为准则。后来"Etiguette"一词进入英文，演变为"礼仪"的含义，成为人们交往中应遵循的规矩和行为准则。

4. 礼仪起源于文明的发展

在远古时代，生产力水平十分低下，人类整天为果腹奔忙，没有君臣、上下、兄弟、亲情、手足、长幼之别，远古人类是没有礼仪的。随着人们征服自然水平的提高，文明在各个层面有很大提升。比如，随着家庭的形成，父母要抚养和关爱幼小尚不能独立生活的子女；子女长大成人之后，要赡养年迈的父母；兄弟姐妹之间也要互相关爱。早在尧舜时期，"五礼"（即父义、母慈、兄友、弟恭、子孝）就已形成，这对家庭成员之间的关系做出了明确的规定。再如，社会活动中，人与人之间也渐渐形成了最初级、最原始的礼仪。在狩猎、耕种和部落之间的争斗中，同一群体中的人通过眼神、点头、拉手等示意互相之间如何配合。日常生活中，人们不自觉地用击掌、拥抱、拍手表达欢快的感情，用手舞足蹈表示狩猎获得食物的喜悦。人们之间这种相互的呼应、关照，逐步形成了一种习俗，这便是最初待人接物的礼节。又如，随着社会发展，人们在生产和生活中的分工越来越细，于是产生了发号施令的领导者和服从安排的被领导者。为了维护领导者的地位，体现领导者和被领导者的等级差别，出现了尊卑有序、男女有别。此时，礼仪又成了领导者教化子民、维持领导地位的工具。

1.2.2 礼仪的发展

每当社会进入一次大变革、大发展的历史时期，礼仪也随着时代变迁不断演变和更新。

礼仪的发展

1. 礼仪孕育时期

礼仪起源于距今百万年前的原始社会,随着人类逐渐进化而不断丰富、演变。在原始社会中后期就孕育出早期礼仪的"胚胎"。比如,距今约1.8万年前的北京周口店人,已经会使用穿孔的兽齿、石珠作为装饰品,穿戴在脖子和手上。他们还会向逝去的族人周围撒放赤铁矿粉,以表示对族人去世的哀悼,这可以说是中国历史上出现的最早的宗教葬礼。

2. 礼仪形成时期

周朝,礼仪开始有所建树。周武王和辅佐周成王的周公对周代礼制的确立都起到了重要作用。他们制作了礼乐,将人们的行为举止、道德情操等全部纳入当时的社会体制中,形成了一个尊卑有序的社会。《周礼》是中国流传至今的第一部礼仪专著,整理了周朝的官职表,讲述了周朝的典章制度。许多基本礼仪在商末周初便已基本形成。

3. 礼仪变革时期

春秋战国时期,以孔子、孟子为代表的儒家系统地阐述了礼仪的起源、本质和功能。这一时期,除儒家之外,还有其他思想主张,如道家崇尚自然无为、独善其身,主张废除一切礼仪;法家推崇强权政治,主张以法代礼;墨家主张平等、博爱、利他,以义代礼。正是这种百家争鸣使礼仪的内涵发生了较大的变革,所以,春秋战国时期是礼仪的变革时期。

4. 礼仪鼎盛时期

公元前221年,中国历史上第一个中央集权制的封建王朝秦朝建立。秦始皇在全国推行"书同文""车同轨""行同伦",其成为延续两千余年封建体制的基础。西汉初期,思想家董仲舒把封建专制制度的理论更加系统化,把儒家礼仪概括为"三纲五常"。汉代,一部堪称集上古礼仪之大成的《礼记》问世,它把奴隶社会和封建社会的礼仪汇集成册,成为封建时代礼仪最经典的著作。唐宋时代,《礼记》已由"记"上升为"经",出现了以儒家思想为基础,融合道学、佛学思想的理学。这一阶段,礼仪进入鼎盛时期。

5. 礼仪衰落时期

清朝初期,逐渐接受了汉族礼制,并使其复杂化,让礼仪变得死板、烦琐。清代后期,随着洋务运动兴起,西方礼仪开始传入中国,而西方礼仪与中国推崇的礼仪思想有很大差异。这一时期,中国传统礼仪规范无论是内容还是形式,都受到了西方礼仪的强烈冲击,出现了"大杂烩"式的礼仪思想,封建礼教开始土崩瓦解。

6. 现代礼仪时期

改革开放以来,随着中国与世界各国交往的日趋频繁,在我国传统礼仪基础上,融入了世界通行的礼仪文化,形成了中国特色的新型社会关系和人际关系。礼仪从内容到形式都在不断变革,构成了社会主义礼仪的基本框架,现代礼仪进入全新发展时期。

我们应遵循"取其精华,去其糟粕"的原则,将传统礼仪文化的精髓融入现代文化体系,以社会主义核心价值观的构建为契机,促使礼仪意识变为礼仪行为。

1.3　礼仪的内涵与特征

1.3.1　礼仪的内涵

孟子曾说:"仁者爱人,有礼者敬人。爱人者,人恒爱之;敬人者,人恒敬之。"其实,礼仪的实质就是一个"敬"字,敬人,敬己。当你懂得去尊重别人的时候,其实就是尊重自己,这个也是礼仪的实质。它的内涵可以通过三个部分来诠释:礼貌、礼节、仪式。三者构成了礼仪的全部内涵。

礼貌,一般是在人际交往中通过特定的言语、动作向交往对象所表示的谦虚和恭敬。它侧重于人的品质与素养,实际上是做人的一种基本要求。礼貌是日常生活中最常见的,例如,学生在学校碰到老师时说一声"老师早上好",碰到同学时说一声"早上好",这是礼貌,那么下课跟老师、同学说"再见"也是礼貌。

礼节,通常是指人们在交际场合互相表示尊重、友好的惯用形式。它实际上是礼貌的具体表现方式。礼节与礼貌之间的关系:没有礼节,就无所谓礼貌;有了礼貌,就必然需要具体的礼节。礼节是当教师节来了,给老师发个信息表示节日问候;爸爸妈妈生日时,发个信息向他们问个好,祝他们生日快乐。

仪式,例如毕业庆典、开业庆典、开工仪式等,会有非常规范的流程。哪些人来参加、谁先讲话、谁来做总结、谁来主持都有专门的流程。可以说礼貌在日常生活中随处可见,礼节可能会频率低一点,仪式频率会更低一些,由这三个方面构成了礼仪的内涵。

礼仪,是对礼貌、礼节、仪式的统称。它是指在人际交往中,自始至终以一定的、约定俗成的程序、方式来表现的律己、敬人的具体行为。显而易见,礼貌是礼仪的基础,礼节则是礼仪的基本组成部分。换言之,礼仪在层次上要高于礼貌、礼节,其内涵更深、更广,礼仪,实际上是由一系列具体的、表现礼貌的礼节所构成的。礼仪不像礼节是一种做法,而是一个表示礼貌的系统而完整的过程。①从个人修养的角度来看,礼仪可以说是一个人的内在修养与素质的外在表现。也就是说,礼仪即教养、素质在一个人行为举止中的具体体现。②从交际的角度来看,礼仪可以说是人际交往中一种通行的规则,也可以说是一种用于处理人际关系的交际方式或交际方法。③从传播的角度来看,礼仪可以说是一种在人际交往中进行有效沟通的技巧。④从审美的角度来看,礼仪可以说是一种形式美。有道是"礼由心生",礼仪是人的心灵美的必然的外化。

认识礼仪的内涵,可以进一步加深对礼仪的理解,并且更为准确地学习礼仪。

1.3.2　礼仪的特征

礼仪具有一些自身独具的特征,在日常生活中,学习、应用礼仪,有必要掌握一些具有普遍性、共同性、指导性的礼仪特征。

1. 继承性

握手礼很久以前就有,现在还在用;尊师重教、孝敬父母,是自古就

礼仪的特征

有的古训,现在也存在。

2．共同性

古人也好,现代人也好,很多东西、很多礼数都是相通的。中国人也好、外国人也好,例如握手礼节,国外也有,只是西方国家还有拥抱礼和亲吻礼,这些都属于见面礼。

3．差异性

中国礼仪从古至今都有差异,中国和外国也会存在理解上的差异。中国喜欢用拱手礼,很少用拥抱礼,不太习惯拥抱或亲吻,但西方国家用拥抱礼的比较多。

4．时代性

从前面讲到的礼仪发展的不同时期可以看出,相对过去,礼仪在很多方面的内涵已经发生了很大变化。

5．针对性

例如,一个国家的领导人到另一个国家去访问,接待过程用什么样的规格是有针对性的,要看来访客人是什么级别的领导。

1.4　礼仪的原则

礼仪的原则

1.4.1　尊重的原则

懂得尊重是一个人的美德,尊重所有的人,是一个人的教养。

走入职场,尊重上级是本份。在单位,领导做得不好的,你可以直截了当地提出来,但是不可以在私底下非议,说领导的不是。如果领导什么也不行,他怎么可能坐到这个位置上？他肯定有过人之处,要多发现他人的优点和长处。否则,你永远不会快乐,总觉得自己怀才不遇,所以努力从身边做起,学会尊重上级。

尊重下级是一个人的美德,任何人都是从基层做起的。有一天,当自己有了一定职位和权力时,要多体谅下属,体谅他们的难处。

尊重所有人是一个人的教养,就像你到擦鞋店擦了一双皮鞋,虽然付了钱,但还是要说一声"谢谢"。为什么？因为别人为你服务了,更何况,服务员有一点特别值得尊重,就是在靠自己的劳动来养活家人和自己。当你说了"谢谢",你也会被这个世界所善待,会接受来自他人的善意,这会带给你快乐。

1.4.2　自律的原则

自律就是人前人后一个样,家里家外一个样。人们常说礼仪在小学生、高中生、大学生这个顺序上出现倒挂现象,也就是说一级不如一级。何以会出现这种状况呢？难道大学生还不如小学生知道得多吗？难道大学生、高中生、初中生对善恶美丑的分辨意识还不及小学生吗？显而易见,答案是否定的。问题的根源就在于自律性差。千万不要认为我这么做,别人不会知道。若要人不知,除非己莫为。养成了好习惯,好习惯会伴你终身,让你终身受用。

1.4.3 宽容的原则

退一步海阔天空,得饶人处且饶人。很多时候,别人的错误,你要设身处地换位思考,不要去刨根问底或追究水落石出。

1.4.4 适度的原则

中国有句古话叫"礼多人不怪"。其实,有时候礼太多了,人也会怪,要适度。例如,俄国小说家契科夫写过一篇小说《小公务员之死》,讲的就是一个小公务员,因为礼数太多了,惹得他的上司很烦,把他辞退了,最终他郁郁寡欢而死的故事。所以礼一定要适度,就像中国很多地方的酒文化,不管你是在打点滴,还是刚刚吃了药,都要喝,而恰恰这时候是不能喝酒的,曾有吃头孢喝酒引起人死亡的例子,礼过度了,麻烦就来了,健康问题也就出现了。

应用案例

"为他"意识才是礼仪的灵魂

我们对"礼"的理解不能停留在表面,怎样问候,怎样着装,怎样告别这些众所周知的礼节,只是浅层次的形式。真正的有礼不单指表象,更是一种内在观念和素养,是深化到内心深处的情感抒发,它的真正目的在于表达对他人的友爱、对社会的关怀。传递一份善意、一点体谅,这才是礼的本质。如果一个人不尊重别人,或许他能把社交规则背得滚瓜烂熟,能在特定场所故作优雅。可一旦来到陌生人聚集的公共场所,一不高兴,他就很可能会原形毕露,张口粗话。君子之风能不能在任何地点、任何时间,尤其在公共场所得以保持,关键要看礼有没有扎根在内心深处。我们常说以人为本,但社会和谐总是相互的,同时也要以他人为本、以社会为本。这种"为他"意识才是礼仪的灵魂。

资料来源:张文.礼仪修养与实训教程[M].广州:华南理工大学出版社,2009.

1.5 礼仪与修养

1.5.1 修养的含义

孔子说:"吾十有五而志于学,三十而立,四十而不惑,五十而知天命,六十而耳顺,七十而从心所欲,不逾矩!"这个伟大的思想家在这里所说的是他自己修养的过程,他并不承认自己是天生的"圣人"。另一个思想家孟子也说过,在历史上担当过"大任"的人物,都经过一个艰苦的锻炼过程,这就是:"必先苦其心志,劳其筋骨,饿其体肤,空乏其身,行拂乱其所为,所以动心忍性,曾益其所不能。"我国古代思想家认为,修养乃学问上精密之功夫也。"修以求其粹美,养以期其充足;修犹切磋琢磨,养犹涵育熏陶也。"可见,"修"是指切磋琢磨,有整治、锻炼之意;"养"是指"涵育熏陶",有培育、促进之意。在实际应用中,修养是一个经常使用的广泛的概念,是指人们在某一方面自觉进行的长期锻炼活动及其所达到的水平。概括起来说,修养包括两方面的含义:一是指人们的政治思想、道德品质、文化知识、文学艺术等方面的水平;二是指为达到上述水平所进行的自我锻炼、自我改造、自我陶冶、自我教育的过程和功夫。

1.5.2 礼仪与修养的关系

礼仪是人与人之间在交往中相互表示敬重和友好的行为规范,它体现了时代的风尚与人们的道德品质,体现了人们的文化层次和文明程度。在不同民族、不同时代及不同的行为处境中,礼仪表达的形式和要求虽然不同,但其基本要求是一致的,即做到诚恳、谦恭、和善和有分寸。

修养是指一个人在道德、学问、技艺等方面通过刻苦学习、艰苦磨炼及陶冶而逐渐达到的一种品德和能力。

礼仪修养是指人们为了达到某种社交目的,按照一定的礼仪规范要求,结合自己的实际情况,在礼貌的品质、意识等方面所进行的自我完善和自我改造。礼仪修养并非与生俱来,它是在一定的社会环境和物质生活条件中,通过社会生活的实践、教育的熏陶和个人自觉的培养逐步形成的。

俗语说"诚于中而形于外",礼貌待人绝对不是简单的学习、模仿,更不是形式主义。礼仪是一个人内心世界的外在表现和真实感情的自然流露。举止大方、谈吐不俗、彬彬有礼是一个人良好修养的体现,不是靠包装与表演。要想全面、综合提高自身修养,就必须加强礼仪知识的学习,礼仪与修养是相互渗透和相互补充的。

在现实生活中,知礼、守礼、行礼的人会赢得别人的尊重和信任。反之,非礼、无礼的人往往为社会所唾弃。作为大学生,应注重礼仪修养,礼仪修养注重的是人内在的道德文化和艺术修养,是其内在的道德文化和艺术修养的反映和折射。古人云"相由心生",说明了这两者之间的关系。现代人也曾提出这样一种观点:知识美容论。他们认为,掌握丰富的知识,深化自己的内涵,是一种深层次的化妆——生命的化妆。因为人的精神面貌的塑造在很大程度上取决于其思想境界、道德情操和文化素养这些内在品质,这才是人生命美的常青树。例如,有的人尽管穿名牌衣服,但他的服饰样式、色彩的选择都不合适,穿在身上整体效果并没有显示出美;有的人礼仪语言的表达很动听,但给人的感觉是言不由衷;有的人在社交场合尽管按要求做了一些礼仪动作,但只有形似,没有神似,因为他没有外在表现的根基——内在的修养。因此,大学生在学习礼仪行为规范的同时,还要注重自己的内在修养,在勤奋求知中不断充实自己,以提高自己的礼仪水平。

应用案例

这是一场艰难的谈判

一天下来,美国约瑟先生对中国某医疗机械的范厂长非常钦佩。范厂长对即将引进的"大输液管"生产线行情非常熟悉,他不仅对设施的技术指数要求高,而且价格压得很低。约瑟在中国似乎没有遇到过这样难缠而又有实力的谈判对手,他断定今后和务实的范厂长合作,事业会很顺利。于是他欣然接受了范厂长偏低的报价。

双方约定第二天正式签订协议。天色尚早,范厂长邀请约瑟到车间看一看。车间井然有序,约瑟边看边赞许地点头。走着走着,范厂长突然觉得嗓子里不舒服,不由得咳了一声,便向车间一角奔去。约瑟惊诧地盯着范厂长,只见他在墙角吐了一口痰,然后用鞋底擦了擦地面,留下了一片痰渍。约瑟快步走出车间,不顾范厂长的竭力挽留,坚决要回宾馆。

第二天一早,翻译递给范厂长一封约瑟写给他的信。信上写道:"尊敬的范先生,我十分钦佩您的才智与精明,但车间里你吐痰的一幕使我一夜难眠。恕我直言,一个厂长的卫生习惯可以反映一个工厂的管理素质,况且我们今后生产的是用来治病的输液管。贵国有句话叫'人命关天',请原谅我的不辞而别。"

范厂长觉得头"轰"的一声像要炸了。

资料来源:魏雪.礼仪与修养[M].北京:电子工业出版社,2008.

1.6 当代大学生礼仪修养的必要性

一个人的长相和身高是天生的,但气质和修养是由内在的东西散发出来的。英国哲学家约翰·洛克曾说:"没有良好的礼仪,其余的一切成就都会被人看成骄傲、自负、无用和愚蠢。"现在,很多年轻人过于重视自己的外貌,美貌固然重要,但容颜终会逝去,而修养、气质、品德

加强大学生礼仪修养的必要性

却可以让你一辈子拥有。30岁以前的容颜靠父母,30岁以后,相由心生,修养决定了一个人的颜值。随着我国国门的不断开放,国家间的经济、文化和社会交往越来越频繁,社会对公民的文明素质要求越来越高,礼仪作为一个人文明素质最直接的体现,其重要性不言而喻。

1.6.1 能弥补当代大学生礼仪缺失的需要

对高等教育阶段的大学生来讲,进行礼仪再教育,是对其小学乃至初高中阶段的学校礼仪教育,或是家庭礼仪教育的夯实。这个阶段大学生已经走过了人生的叛逆期和青春期,并逐步走向成熟。因此,在礼仪教育方面,只要适时疏导,就能够取得显著成效。同学们即将步入职场,用人单位对大学生的要求不再是单纯的专业能力素质,而是将一个人的品德修养作为重点考核对象。因此想让自己拥有广阔的就业市场,就必须在日常生活中有意识地培养自身礼仪素质,弥补礼仪缺失。

1.6.2 促进大学生和谐人格的形成

良好的礼仪与大学生和谐人格的形成唇齿相依,礼仪规范作为大学生素质教育的重要组成部分,对和谐人格的构建和发展起着重要作用。掌握良好礼仪,遵循相关礼仪规范,有利于塑造积极向上的自我形象,调节日常的行为举止,改善人际关系,增进彼此之间信任了解,进而建立良好的人际关系。如今有些大学生会因为受到人际关系困扰、生活挫折的影响而产生心理不适,更有甚者会导致人格扭曲。我们必须适时运用礼仪规范,对自身言行举止进行理性调节,合理宣泄不良情绪,从容面对生活中的困难和挫折,始终保持乐观向上的积极心态。

1.6.3　提高大学生人际交往能力的需要

当今社会,一个人人际关系处理得好坏,直接影响事业上取得的成就高低。美国著名成人教育家卡耐基曾说:"一个人事业上的成功,只有15%是由于他的专业技术,另外的85%要依赖人际关系、处世技巧。在人际交往中不懂礼,会给个体人际交往带来麻烦。"礼的基本精神就是孔子在《论语·雍也》里所说的"夫仁者,己欲立而立人,己欲达而达人。能近取譬,可谓仁之方也已"。对于大学生来说,能否处理好与他人的关系,直接影响到自身的学习和生活。

1.6.4　增强大学生的社会适应能力

当前,不少大学生从小到大都是在父母及学校的庇护中成长的,并未真正踏入社会,这就造成了大学生群体社会化程度普遍不高。当进入社会后,常常会因为不懂规矩而处处碰壁,这个规矩在很大程度上指的就是在社会中为人处世的礼仪规范与行为准则。英国哲学家约翰·洛克曾经说过:"大多数青年人因为不持重、缺少礼仪而吃了苦头,他们入世的时候也因为这个不能达到理想状态。"因此,自觉遵守各种社会礼仪规范的人,往往会受到尊重和欢迎。反之,则会被当成缺乏修养的人,处处受到冷遇。

本章小结

(1) 礼仪是一种随着历史发展而约定俗成的交往规范,它指导和协调个人或团体在社会交往过程中的言行举止。中国自古就以礼仪之邦著称于世,礼仪的发展,经历了一个从无到有、从低级到高级、从零散到完整的渐进过程。

(2) 礼就是敬人的规则和标准,所以礼仪的核心就是敬人。礼仪是一个人内在修养的外在体现。注重礼仪,就是重视中华优秀传统文化,优良的传统文化是中华民族发展的根。大学生提高自己的礼仪水准是提高文明素养的重要内容。

(3) 大学生步入职场,用人单位对其要求不再是单纯的专业能力,还有以个人品德修养为代表的综合能力素质。当前大学生要想让自己拥有广阔的就业市场和良好的人际关系,就必须在日常生活中有意识地培养自身礼仪素质,以弥补自身礼仪缺失。

复习思考

一、知识问答

1. 礼仪的起源与发展过程是什么?
2. 如何理解礼仪? 如何理解修养?
3. 礼仪的概念与特征如何?
4. 当代大学生加强礼仪修养的必要性有哪些?

二、实践训练

1. 每位学生准备一个与中国传统礼仪文化有关的小故事,上课时做3分钟的宣讲。
2. 每位学生通过亲身经历或观察,来表述自己对礼仪修养的理解和体会。
3. 以"只有才没有礼,可不可以"为主题,分组做正反双方辩论。
4. 就"礼的前世与今生之间是什么关系"为题展开小组讨论,写出总结。

CHAPTER TWO

第2章 大学生形象礼仪

教学目标

◆ **思政目标：**

当代大学生承担着时代赋予的历史责任，应适应时代要求从外在美和内在美塑造新形象。学礼明仪、学礼行礼，做一个有道德、有学识、有修养、懂礼仪的心理健康的大学生。

◆ **知识目标：**

掌握仪容、仪表、仪态礼仪的相关知识及正确使用规范。

◆ **能力目标：**

大学生规范运用仪容、仪表、仪态相关礼仪知识和技巧，更好地塑造美好的个人形象，真正成为一名新时代高素质大学生。

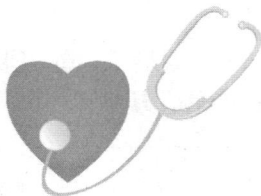

2.1 大学生形象规范的内涵和原则

当代大学生作为一个特殊的文化群体，不单是一种存在形态、一种个性，而是一个多层面的群体。大学生的总体印象的核心要求是应该具有振兴中华、以天下为己任的远大抱负，对社会、对国家的高度的历史责任感和使命感，广博精深的学识，执著追求的事业心，对真、善、美不懈追求的人格美。知书达理，待人以礼，应当是当代大学生的一个基本素养①。

2.1.1 大学生形象规范的内涵

《礼记·冠义》中说："礼仪之始，在于正容体，齐颜色，顺辞令。"大学生良好的形象是礼貌、礼节的具体表现。第一印象在交往中起着至关重要的作用，它的产生往往是来自大学生的仪容、仪表和仪态。大学生容貌整洁、穿着得体、举止大方、接人待物彬彬有礼，不仅体现了对交往对象的尊重，也展现了自己所在学校的良好形象，甚至反映了一个国家或一个民族的道德水准、文明程度、文化修养及精神风貌。

1. 大学生的形象

"君子之德，见于仪表。"大学生的形象主要是个人仪表的具体外在表现。仪表即人的外表，通常包括人的容貌、形体、服饰、言语、姿态、风度等方面，是一个人的内心世界、修养和精神面貌的体现。

大学生形象有外在形象和内在形象之分。外在形象是大学生个人的外表、容貌、化妆和服饰等能直接观察到的外在表象。内在形象是个人的文化内涵和道德修养，一般是由言谈举止表现出来的个人魅力、风度和气质。概括起来讲，大学生形象代表个人的教育程度、志趣品位和道德修养等最直接的信息。得体端庄的大学生形象，包括发型、化妆、着装和举止等自然美和修饰美，也包括内在美，不断提升个人的文化、艺术、道德等方面的修养，培养高雅的气质与美好的情操，给人以秀外慧中、表里如一的美感。

美国心理学家爱德华·霍尔曾说："无声语言所显示的意义要比有声语言多得多。"形象比语言更有力量。在当今激烈的社会竞争中，大学生的形象至关重要，以约定俗成的方式律己、敬人，习得、践行礼仪已成为当代大学生的必修课。礼仪养成从良好的形象树立和习惯改变开始。塑造和维护形象，已成为大学生融入社会的敲门砖，同时也成为与他人有效沟通的桥梁。因此，从某种意义上讲，大学生良好的形象是成功交往的"通行证"。

2. 大学生形象的规范

大学生形象的规范要求归纳如下：容貌端庄，举止大方；服饰庄重，整洁自然；打扮得体，淡妆素抹；仪态优雅，言行得当；态度和蔼，待人诚恳。大学生的形象是通过逐渐学习养成的。

（1）外貌形象。外貌形象是人的年龄、相貌、表情、体型和服饰等共同构成的一种直观的外在形象。具备良好的外貌形象是大学生赢得成功的最初机会。在现代社会中，人们习

---

① 杨莊，赵梓汝.礼仪师培训教程［M］.北京：人民交通出版社，2007.

惯用美的标准来观赏人、评价人和选择人。大学生可以通过合适的妆容、得体的服饰、恰当的发型、优雅的谈吐及良好的个人修养,充分表现个人魅力。

（2）服饰形象。服饰是一种文化,反映了一个人的文化素养、审美情趣。服饰是一门艺术,服饰所传达的情感与意蕴甚至不是用语言能替代的。在不同场合,穿着得体、适度的人,往往能给人留下良好的印象。

具体来说,大学生服饰既要得体、协调、大方,又要遵守某种约定俗成的规范或原则。服装不但要与学生身份相适应,还要注意客观环境、场合对人的着装要求,努力在穿着打扮上与时间、地点、目的保持协调一致。

（3）仪态形象。仪态形象是大学生在人际交往中的姿势和风度,姿势是身体呈现的状态,风度是个人的精神风貌、仪表礼节、举止态度和言辞谈吐的表露。它能够综合反映大学生的道德、修养、品格、气质、学识、处世态度等。仪态形象是大学生交往的需要,也是尊重他人的表现形式,更是衡量自己形象的一把尺子。

（4）语言形象。大学生语言形象是信息沟通的桥梁,是思想感情交流的渠道,在人际交往中占据重要地位。语言作为一种表达方式,能随着时间、场合、对象的不同,而表达出各种各样的信息和丰富多彩的思想感情。大学生语言形象的关键在于尊重对方和自我谦让,多用敬语体现修养,多用谦语表现谦虚和恳切,多用雅语体现个人素质,掌握良好的语言礼仪可以更受欢迎。

良好的个人形象是大学生沟通的桥梁。一个成功的形象,展示给人们的是自信、自尊、力量和能力,体现出良好的精神状态、仪表风度和人格修养。穿着、微笑、握手、目光接触等一举一动,都能散发一个成功者的魅力,在交往中事半功倍、锦上添花。

应用案例

形象的魅力

端庄是一种能穿出来的风格,但也是一个人内在的品质,合适的装扮能将其突出、放大,让魅力更能呼之欲出。

杨澜对形象维护到位,气质优雅,穿搭有魅力。主持人出身的杨澜,整个人的气质是很挺拔的,不仅在荧幕前有着得体的一面,私下里的穿着打扮也非常耐看,并且一举一动都透露着韵味。

一般情况下,正装能更好地表现这种得体效果,帮助人们进出各种正式的场合,以及一些比较庄重的活动。但也不要忽略生活中有很多比较轻松的穿搭也能展示不同风格的魅力形象。

资料来源：https://baijiahao.baidu.com/s?id=17080607217543632l4&wfr=spider&for=pc.

2.1.2 大学生形象规范的原则

1. 保持整洁

整洁是大学生形象规范的首要条件,也是最好的修饰。无论什么人,都更愿意与干净整齐的人打交道。大学生应保持干净清新的形象,讲究个人卫生,适当修饰打扮,符合大学生形象要求,做到精神焕发,热情而富有朝气。

2. 强调和谐

良好形象是一种整体的美,同时与大学生所处的环境不可分割。只有当一个人的仪表从整体上表现出和谐,并与所处环境相协调,才能体现真正的仪表美。真正懂得美的人,就会综合考虑自身的相貌、身材、身份等,使其与所处环境和谐统一,这样才能塑造出美的形象。这种设计美感的能力,需要良好的修养并经过长期的生活实践才能培养出来。

3. 修整自然

仪表具有情感属性,可以从一个人的穿着打扮上大致判断其情感倾向。奇装异服的装扮,只能使人觉得刺眼,产生反感,也会破坏人的自然美。"清水出芙蓉,天然去雕饰"是大学生注重自然美的表现。但应注意,自然大方绝不等同于过分随便、不修边幅。

4. 注重修养

"玉不琢,不成器。"仪表美是人的内在美与外在美的统一。真正的美,应该是个人良好内在素质的自然流露。如果只有外表的华美,而没有内涵作为基础,一切都会使人感到矫揉造作,使人感到"金玉其外,败絮其中"。因此,想要有好的仪表,在人际交往中给人以良好的印象,必须从文明礼貌、文化修养、道德情操、知识才能等各方面不断提高个人修养。[①]

5. 学会处世

温文尔雅、从容大方、彬彬有礼已成为大学生的一种文明标志。大学生的为人处世十分重要,有爱心对待每一个人,应该不断追求尽善尽美。具体表现为在与同学、老师、领导及他人等交际中体谅别人、乐于助人、相互关心、尊重他人、辛苦自己而方便他人等。礼貌地为人处世是一种教养,更是无形的财富,在任何场合、任何时间,都会受到人们的喜欢。

"不积跬步,无以至千里;不积小流,无以成江海。"大学生应从点滴做起,塑造个人的良好形象在校园蔚然成风,文明礼仪才能真正成为一种感染力、凝聚力、推动力,进而升华为一个地区的名片、一个国家的形象、一个民族的精神。

应用案例

粗缯大布裹生涯,腹有诗书气自华

北宋著名文学家苏轼在陕西凤翔做官时,认识了朋友董传。董传生活贫苦,穿衣朴素,但饱读诗书,满腹经纶,平凡的衣衫掩盖不了他乐观向上的风骨。苏轼写了一首诗送给董传,诗中说:"粗缯大布裹生涯,腹有诗书气自华。厌伴老儒烹瓠叶,强随举子踏槐花。"赞扬董传虽然贫穷,身着粗缯大布,但仍勤于读书,因此气度风华异于常人,将来一定会高中。一个人的气质并不在于他的外表穿得多么高贵华丽,内心高尚的人,即使穿着打扮朴实无

---

① 艾建玲.旅游礼仪教程[M].长沙:湖南大学出版社,2006.

华,也会由内而外散发出良好的修养与高贵的气质。

资料来源：陈济.中华文明礼仪[M].北京：高等教育出版社,2017.

2.2 大学生仪容礼仪

"欣赏一个人,始于颜值,敬于才华,合于性格,久于善良,终于人品。"仪容礼仪是礼仪最基础的一种礼仪方式。仪容是指个人的容貌,它是由发式、面容以及所有未被服饰遮掩、暴露在外的肌肤构成的。就个人的整体形象而言,容貌是整个仪表的一个至关重要的环节。它反映一个人的精神面貌、学识修养、审美情趣、朝气活力,是传达给交往对象最直接、最生动的第一信息。

2.2.1 大学生化妆礼仪

"三分容貌,七分打扮。"化妆是一门技术,也是一门艺术,大学生适度得体的妆容可以增加自信,保持较好的精神风貌。

化妆修饰礼仪

大学生的化妆,是利用色彩,运用化妆品及化妆工具,配合化妆技巧,使人的形象产生改变,充满自信,体现个人教养与品位,特别是在正式场合必备的礼仪。妆容要自然、得法、协调,符合身份,既是自尊的表现,也意味着对交往对象的尊重和重视。

1. 化妆修饰原则

1）化妆的"TPO-R"原则

"TPO-R",即 Time(时间)、Place(场合)、Object(目的)、Role(角色)。大学生的妆容因场合、角色而异。在校园里,女生的妆容自然清新,符合学生的身份。在求职、职场中,化职业妆,表现出干练、得体、大方的感觉。在社交中,可以化生活妆、职业妆、晚宴妆等,体现端庄、沉稳、典雅的气质。在表演晚会上,妆容要适合扮演的角色和舞台等。

2）符合审美原则

（1）讲究色彩的合理搭配。眼影、腮红和口红的颜色三色一体,色彩搭配和谐。一般来说,可以选择大地色系的眼影,是一个百搭的颜色,与其他颜色搭配不易出错。

（2）根据脸型适当修容。可以借助化妆技法对脸型进行适当修饰。

（3）强调自然美。大学生以自然的妆容为主。

3）讲究科学性原则

（1）科学选择化妆品。选择适合自己肤色的粉底,皮肤的基底色与粉底色相协调;选择适合自己的口红颜色,每个人的唇基底色不一样,同样的一支口红抹在不同人的唇上效果也不一样;腮红应与眼影色、唇色、服饰相协调。

（2）科学的化妆技法。例如修容粉的修饰,有的人觉得鼻子不够挺,可以在 T 区用高光修饰,在鼻子两侧抹上暗影,让鼻子更加突出和立体。有的人觉得脸圆、不够小,可以在 V 区用暗影修饰。但在白天自然光线下,应注意使用的手法,用粉自然柔和,跟整个肤色协调一体,不要晕染成坨、成块,看起来不自然、不干净,留有痕迹。

4）化妆品专用原则

不可随意使用他人的化妆品，一定要征求对方的同意。还有他人的化妆品的颜色有可能不适合自己。

5）修饰避人的原则

不以残妆示人，应进行及时补妆，但不应在公共场合、男性面前化妆和补妆，应到寝室、化妆室、卫生间等补妆。

2. 化妆的基本流程

1）基础护理

护理是做好日常的洁面、保养，主要包括洗脸、爽肤水（美白水、精粹水）、乳液（护肤乳液）、眼霜、隔离霜等。

2）粉底、修容、定妆

粉底之前，搽隔离霜，隔离霜有防晒、隔离户外粉尘和垃圾等功能，也有助于卸妆。打底的手法是点、按、揉、擦，打底的要求是薄、透、均匀、自然、服帖。涂抹粉底后，可以用修容粉在 T 区、V 区进行适当修容，接着是定妆，有助于保持妆面持久。

3）眼部

眼部修饰主要包括眼影、眼线、睫毛三部曲，可以调整眼形结构，增加眼睛的明亮度和深邃感。

眼影修饰：晕染层次、色彩间过渡自然，不可有色块的现象；色彩搭配与眼部结构条件、服饰、发型、唇色、腮红等协调；一般眼影晕染面积不超过眼睑高度的 1/3，重色一般集中在眼中部、眼尾。

眼线修饰：画在睫毛根部，上眼线内细外宽，从内眼角向外眼角画至 2/3 处开始微微上扬。

睫毛修饰：先用睫毛夹修饰，再刷睫毛膏，整体自然，保持清洁。

4）画眉

修眉一般在头一天晚上进行。根据脸型、眼部条件决定眉形，画眉的长度一般由眉头、眉尾决定。画出的眉毛一般眉头与内眼角、鼻翼在一条线上；眉尾与外眼角、鼻翼在一条线上；眉峰在眉头至眉尾长度距离的 2/3 处，在平视前方的前提下，虹膜外侧垂直延长线上，粗度是眉头的 1/2。眉头与眉尾大约在一条水平线上。

5）腮红

腮红是整个妆面用色面积最大的部分，有很强的调整肤色和修饰面型的作用。可以增加面部的健康色泽，使眼妆与唇妆色彩自然和谐，通过明暗效果，使脸部具有立体感，更好地修饰脸型。

标准腮红的打法：先在手背调出腮红颜色，从耳侧至颧骨轻刷，从上到下顺着下颌线轻扫。标准腮红的位置一般为笑起来面部最高部位（笑肌/苹果肌）。不同的脸型，腮红的打法不同、位置不同。

6）口红

口红修饰要自然、干净。根据唇形和场合，可以化满唇和咬唇。既可以整个唇形颜色一致，也可以有深浅色彩变化，唇边缘颜色浅，中部颜色略深（图 2-1 和图 2-2）。

图 2-1　化妆

图 2-2　妆面

3. 常用化妆品与工具

1) 化妆品

化妆品的种类很多,打造一个完美的妆容,一般包括基础护肤用品和彩妆用品。彩妆用品主要有粉底、定妆粉、修容粉、眼影、眼线笔、睫毛膏、眉笔、唇妆、腮红等。

2) 化妆刷

化妆刷的材质一般为动物毛和纤维两种。化妆刷主要包括粉底刷、眼影刷、腮红刷、唇刷、定妆刷、清洁刷等。

3) 化妆辅助工具

在修饰妆容时,会用到一些辅助工具处理细节,使妆容更加精致。主要包括粉扑、蜜粉扑(定妆粉扑)、眉刀、剪刀、镊子、睫毛夹、假睫毛、睫毛胶水、美目贴等。

应用案例

浓妆淡抹总相宜

某高校一名航空服务专业学生李某到某航空公司参加面试,为了适应乘务员岗位需求,在面试之前,李某特意精心地修饰自己。面试时,她放弃平时经常化的"清纯少女妆",化起了整洁、端庄、干练的"职场白领妆"。底妆修饰自然,眉毛描画清晰,与红色制服相搭配的淡粉色眼影,描画了自然的黑色眼线,睫毛干净自然,涂上红色的自然唇色,整个妆容清爽自然,尽显自信、沉稳、干练的气质。加上面试过程中表现突出,李某顺利通过面试。

2.2.2　校园仪容要求

大学生校园仪容礼仪从"头"开始说,包括面部、手部、腿部等仪容要求。

1. 发部修饰

1) 发部清洁

通常情况下,应当每周至少清洗头发 2 次,也可以根据自己皮质的分泌状态来清洗头发。夏天,清洗头发的频率会更高一些。做到发部无灰尘、无头屑、无异味,干净飘逸的秀发能给人以清爽舒适之感。

2)长短适中

在大学校园中,一般男生头发的长度,前不过眉,侧不掩耳,后不及领,不宜留大鬓角、发帘;女生头发长短适宜,可以短发、齐肩发、长发。

3)发型合适

根据大学生个人条件,主要包括脸型、身高、体型、性别、性格等决定适合自己的发型。不留怪异新潮发型,不可将头发染成五颜六色。男生发型应朴素大方,头发定期修剪,不留长发、不剃光头、不烫发;女生发型可以短发、齐肩发、长发,长发可以披发、扎马尾或盘发等,披发时避免头发遮住脸部,有刘海则不宜过低,以免遮挡眼睛。

4)头发的保养

头发健康是头发美观的第一步。头发保养需要注意以下事项。

正确洗发。水温以 37~38℃为宜。洗发前先梳顺头发,洗头时不要用指甲抓头皮,经常按摩,促进头部血液流通,有益头发生长、防止脱发。

头发冲洗干净后,用毛巾轻轻地吸干水分,避免用力揉搓。头发选择自然风干更有利于保护发质。如果选用吹风机,注意温度、风速、风力适宜,吹风机距离头发 10cm 左右。

如果头皮屑过多,除选择具有去屑功能的洗发水以外,还宜吃清淡、健康的食物,如多喝水、多食蔬菜、水果等。头发枯黄或过早变白,可以适量吃动物肝脏、葵花子、核桃、黄豆、黑芝麻等。

发部修饰礼仪

2. 面部修饰

大学生面部以清洁干净为主,呈现健康的肤色。女生可以对面部进行适当的化妆修饰,女生发部、面部修饰见图 2-3,男生发部、面部修饰见图 2-4。

面部修饰礼仪

图 2-3　女生发部、面部修饰　　　　图 2-4　男生发部、面部修饰

脸部:面部洁净,健康光滑。

眼睛:保持清洁,无分泌物,无睡意,不充血,不斜视。对于戴眼镜的学生,眼镜端正、洁净明亮、无残破。不应戴墨镜、有色眼镜和各种奇形怪状的眼镜。

眉毛：干净，梳理整齐，必要时可以进行适当的修饰。

耳朵：内外干净。

鼻子：鼻孔干净，不流鼻涕，有明显鼻毛的适当修剪。

胡须：男生注意剃须，刮干净或修整齐。

口部：口中无异味，说话时嘴角无泡沫，交流时不嚼口香糖等食物。牙齿清洁、无食品残留物。

3. 手部修饰

在大学校园中，手是肢体语言中使用最多的部位。要悉心爱护自己的双手，以干净、卫生、雅观为宜。一双干干净净的手，给人以美感。对手部的具体要求有以下几点。

勤洗手：养成勤洗手的良好习惯，保持手部干净、卫生(图 2-5)。

勤剪指甲：一般不超过指尖 2 毫米为宜，清洁指甲缝。

指甲的修饰：女生可以选择自然色或健康色指甲油，忌使用醒目指甲油。

肩膀的修饰：不宜裸露，忌腋毛外露。

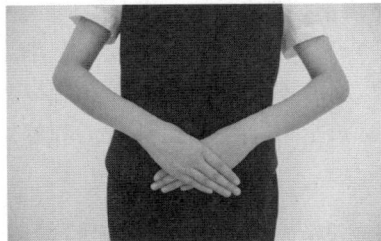

图 2-5　手部修饰

4. 腿部修饰

在校园里，大学生要注意腿部的修饰，保持腿部的清洁。勤洗脚、勤换鞋袜，做到勤清洗、勤晾晒，无异味。还要体现大学生的文明，对腿部进行适当的遮掩与修饰。

应用案例

小王同学的面试

某招聘公司到某高校招聘面试，小王同学来参加该公司的面试。小王面试的职位是公司某部门经理的助理。为了赢得面试成功，她做了精心的修饰打扮，一身时尚新潮的衣服，烫了卷发，染上大红色的指甲油，更直观的是脸上化了参加宴会时的妆容，浓妆艳抹，身上每一处都是焦点。在参加助理这个职位的面试中，小王的学历最高，看到一起面试的对手都是相貌平平的女孩，她觉得自信满满。但面试结果却出乎意料，小王并未得到这家公司的录用，面试官抱歉地说："你确实很漂亮，令人赏心悦目，可你并不适合做助理这份工作。"

2.2.3 社交场合仪容要求

社交场合,一般是在公众场合与他人友好地进行交往应酬。宴会、舞会、晚拜会、聚会、聚餐、音乐会等均属于社交场合。

针对社交场合,在大学生校园仪容要求的基础上提出更高的要求,大学生仪容应符合社交仪容礼仪,能够体现大学生的教养与品位,展示个人对交往对方的尊重和重视,给对方留下良好的印象。

整体来说,大学生社交仪容礼仪的基本要求是仪容的自然美、整洁干净、端正庄重、简约朴实、得体自然、修饰得当。具体表现为以下几个方面。

1. 女同学仪容的基本要求

注意面部皮肤的修饰与保养。面部是社交中重点关注之处,是仪容礼仪中的重中之重。要求面、颈干净,保持皮肤的洁净、润泽、光滑、健康,使面容青春焕发。熟练掌握基本的面部化妆修饰技法,女同学参加社交活动前均应化妆,妆面适合社交场合。

注意头发的修饰。头发要清洁,梳理整齐,无头皮屑。选择大方的发型,发型为短发、齐肩发、盘发、束发(中发、长发)等,不烫夸张、另类发型。染发以黑色、棕色为主,不染过于艳丽的颜色。头发不可遮挡脸,刘海不要遮住眼睛。头饰以得体大方为宜。

保持手和指甲的清洁,不留长指甲。注意腿部清洁和修饰。

2. 男同学仪容的基本要求

注意面部的洁净、卫生、自然,养成勤洗脸、勤剃须的习惯,切忌胡子拉碴地在外抛头露面,在社交场合会被认为是一种失礼的行为。面部要无灰尘、无污物、无汗渍、无泪痕、无分泌物等不洁之物。

保持头发的清洁。应在赴约前认真清洗、修剪和梳理头发,无头皮屑,并根据自己的脸型、年龄、身份选择合适的发型。

养成良好的卫生习惯。做到勤洗澡、勤换衣,身上无烟味、无酒味、无汗酸味。

注意手、脚的整洁。手部干净,指甲要及时修剪,不留长指甲。脚部清洁卫生,鞋袜无异味。

应用案例

社交中的仪容仪表礼仪

(1) 选择适当的化妆品和与自己气质、脸型、年龄等特点相符的化妆方法,选择适当的发型来增添自己的魅力。

① 化妆的浓、淡要视时间、场合而定。

② 不要在公共场所化妆。

③ 不要在男性面前化妆。

④ 不要非议他人的化妆。

⑤ 不要借用他人的化妆品。

⑥ 男性不要过分化妆。

（2）服饰及礼节如下。

① 要注意时代特点，体现时代精神。

② 要注意个人性格特点。

③ 应符合自己的体形。

资料来源：https://www.renrendoc.com/paper/137949165.html.

2.3　大学生服饰礼仪

服饰礼仪

孔子曾说："见人不可以不饰。不饰无貌，无貌不敬，不敬无礼，无礼不立。"孔子提到的"饰"，就是服饰。服饰，狭义指衣服上的装饰，广义指衣服及装饰。装饰包括与衣服分开的装饰用品，如领带、胸针、眼镜和手表之类的饰物，也包括与衣服一体的图案色彩和点缀等。服饰是一种无声的语言，整洁、得体、大方的服饰能够直接展示大学生的美好形象，反映其自身的社会生活、文化水平、情感表达、精神气质等方面的修养。

大学生服饰礼仪是有讲究的，要学会扬长避短，遵循着装"TPO"原则，即 Time（时间）、Place（地点）、Object（目的）。时间原则要求着装随"时"更衣。地点原则代表地方、场所、位置不同，应配以与之相适应、相协调的服饰。目的原则要求着装要考虑此行的目的及想给对方留下怎样的印象，还需要与自身所扮演的角色相一致，遵守在不同的场合着装符合认可的常规原则。

2.3.1　校园服饰要求

《弟子规》有言"衣贵洁，不贵华。上循分，下称家。"大学生在校园里，着装重洁不重华，服饰应该整洁、自然、得体、大方。

1. 服饰基本要求

在校园中，大学生的服装应突出舒适、自然、轻松、个性。一般适合在校园场合中穿着的服装为便装、休闲装、运动装，主要有 T 恤、牛仔装、短裤（膝盖左右）、裙装、休闲裤、专业制服等。日常着装不宜穿西装套装、套裙、工作服、时装、礼服等。

大学生校园服饰也遵循着装"TPO"原则。大学生参加用人单位的校园招聘会时，穿着规范的职业装进行面试，有西装套装、套裙、专业制服等，可以增强自信心，也可以给面试单位留下好印象；参加校园晚会时，表演者穿着符合舞台及扮演者角色的时装、礼服等服装；航空服务专业的大学生，在模拟舱要求统一穿制服上课。而上公共课时，大学生可以穿着自己喜欢的舒适自然得体的服饰。在体育课上，大学生可以穿着运动装上课等。

大学生佩戴的装饰物，主要作用是装饰、美化自身，而不是浮夸、攀比和炫耀。

2. 服饰穿着的文明性

在校园里，大学生要知礼明仪，做到会穿衣戴帽，文明着装。应注意着装文明得体，符合社会的道德传统和常规做法。具体要求如下。

（1）忌穿过露的服装。在大学校园里，袒胸露背、暴露大腿、腋窝的服装，穿破洞装，均应忌穿。在课堂里打赤膊，更在禁止之列。除了运动时，穿着坎肩、短裤运动服外，其余场合应规范着装。

（2）忌穿过透的服装。在夏天，大学生服装穿着还要注意服装不应过透，倘若使内衣、内裤"透视"在外，令人一目了然，有失检点。应避免此类服装。

（3）忌穿过短的服装。在校园公共场合中，大学生不应穿着吊带、露脐装、超短裙、超短裤出入老师办公室、教室、食堂、图书馆等，不要为了标新立异，一味追求时尚、流行。

（4）忌穿过紧的服装。不要为了展示自己的线条而选择过于紧身的服装，使自己的内衣、内裤的轮廓在过紧的服装内隐隐约约。

应用案例

正 衣 冠

孔子的学生子贡有一次到一个贵人家里拜访，到了门口，门卫看他衣衫不整，就对他说："你穿戴太不整齐，贵人不会见你的，你回去吧。"由于门卫死活不让他进门，子贡无奈之下，就跑到旁边的马棚，对着喂马的清水一照，发现自己果然是衣冠不整，于是就仔细修饰整理了一番，然后第二次去拜访，这次门卫二话不说，就让他进去了。

资料来源：陈济.中华文明礼仪[M].北京：高等教育出版社，2017.

2.3.2 社交场合服饰要求

英国著名作家莎士比亚说："一个人的穿着打扮，就是他的教养、品位、地位的最真实的写照。"在社交场合中，穿着得体是一种礼貌修养，并在一定程度上影响自身人际关系的和谐。

1. 服饰基本要求

大学生应根据自身的年龄、个性、气质及特定的环境来选择得体的服饰，与社交场合相和谐，与衣着色彩相和谐，与穿着搭配相和谐，与自身形象相和谐，达到和谐美的统一，展示出个人的教养与品位。

在社交场合中，穿着大致可分为礼服和便服两种。礼服主要是出席正式、隆重、严肃的场合时的着装，便服主要是在一般场合、日常社交中的穿戴，相对随意一些。大学生的服装应突出时尚、个性、典雅、庄重、大方。适合在这一场合中穿着的服装有正装、时装、礼服或民族服装，如连衣裙、套裙、旗袍、晚礼服、西装、中山装等。不适合在这一场合中穿着的服装有休闲装、运动装、牛仔装、制服、工作服、家居服等。

在商务、洽谈时，可以利用服装色彩来展示自己的个性，让周围的人更好地接受自己。若要强调理性，不妨以蓝色为主，如要表现诚恳，灰色调则较为合适。服装的面料和做工要考究一些，如全毛或丝绸面料等。款式以西装、西装套裙、旗袍、连衣裙为主，颜色以大方、高雅为宜,不必过于艳丽和华贵。鞋子为皮鞋,男士以黑色皮鞋为宜,女士选择与服装颜色协调一致的高跟鞋。女士穿裙装应配丝袜,颜色以肉色、黑色为主。包主要以手提包为主,质地坚挺,造型庄重。

参加舞会、宴会时,要了解其性质、环境等相关事宜,为自己的角色定位,进行适度的装扮。衣着过于艳丽、华贵,会让人觉得在炫耀,还可能会喧宾夺主。衣着过于灰暗,则会使人感到压抑或消极。舞会服装式样要明快、华丽,不能太严肃、庄重,颜色可华丽活泼。女士以裙装为主。鞋子为皮鞋,男士以黑色皮鞋为主,女士以高跟鞋为主,色彩跟衣服整体吻合。包以手拿包为主,在色彩上较夸张,款式多样化。

2. 饰品基本要求

饰品能够起到装饰点缀的作用,主要包括服装饰物(如帽子、领带、丝巾、手套等)和首饰佩戴(如戒指、胸针、项链、耳饰、手表等)两类。

在社交场合,佩戴一定的饰品能够起到画龙点睛的作用。饰品不仅能无声地表达出佩戴者的知识、阅历、教养及审美品位,它有时又暗示了其身份、地位及婚恋情况。在正式社交场合中,佩戴的饰品是否得体,也被视作社交礼仪中的一部分。因此,在社交礼仪中,个人在选择佩戴饰品时应遵守一定的使用规则和佩戴方法。

(1)符合身份。从大学生的身份角度考虑,在佩戴饰品时应讲究少而精,如果要同时佩戴多件饰品,全身的饰品数量一般不要超过三件。

(2)质地规则。在佩戴时,若全身的饰品数量在两件或两件以上时,应尽量使这些饰品的材质相同,从整体上来看更加和谐统一。

(3)色彩规则。当全身佩戴的饰品超过两件时,应力求这些饰品的颜色属于一个色系。切忌佩戴得过多、过杂,令人眼花缭乱。

(4)体型规则。选择佩戴首饰时,应根据自身的形体条件来搭配,做到扬长避短,通过佩戴合适的饰品达到修饰和协调形体的目的。如颈部短粗,不宜戴紧贴着颈部的短而粗的项链,应选择佩戴细长的项链,从视觉上产生颈部被拉长的效果。

(5)搭配原则。饰品的佩戴应讲求整体的效果,要和服装相协调。同时还应考虑所处的季节、环境等因素。

应用案例

舞会的穿着

小李是一位英俊潇洒的小伙子,喜欢参加单位的团体活动。有一次,单位举行舞会,他穿着新买的一身耐克运动服来到会场。当晚舞会来的同事很多,只见人们都在翩翩起舞,小李也很有兴致,便走过去邀请一位正在休息的女士跳舞,那位女士看了他一眼,礼貌地拒绝了他。接着小李又邀请了两位女士跳舞,结果均被拒绝。

这时,一位朋友来到小李身边,拍拍他说:“你怎么穿着运动服就来了,你没看见今天大家都是盛装出席。穿着太休闲邀请女士跳舞是不礼貌的。”

资料来源:于丽娟.旅游服务礼仪实训教程[M].北京:经济管理出版社,2015.

2.4 大学生仪态礼仪

　　仪态是一种表达思想感情的无声语言,包括人的体态、姿势、动作和表情,它直接展示一个人的气质和风度。良好的仪态既是体态美的展示,又是其内在修养和心理状态的自然流露。在交谈中,一个眼神、一个微笑、一个微小的手势和体态,都可以展现出大学生的品质、学识、修养、文化、文明等方面的素质和能力,更关系到个人形象的塑造,甚至会影响国家、民族的形象。

2.4.1 站姿

　　"站如松",站姿是静态的造型动作,显示的是静态美。"站有站相"是对一个人仪态姿势的最基本要求,优美得体的站姿能衬托出优雅的气质和风度,也是培养仪态美的起点和基础。

　　1. 站姿的基本要领

　　头正:颈直,下颌微收,双目平视前方,表情自然,面带微笑。

　　肩平:双肩放松,向后、向下沉肩。

　　臂垂:双臂放松,自然下垂于体侧,虎口向前,手指自然弯曲,中指对准裤缝。

　　躯挺:挺胸、收腹、立腰、提臀。

　　腿并:两腿并拢立直,脚跟靠拢。不同的站姿脚位可以灵活变化。

　　2. 标准站姿动作要领

　　在基本身体姿态的基础上,由于双手的放位不同,站姿分为体侧式、前腹式、后背式。

　　1) 女士标准站姿动作要领

　　(1) 体侧式。在基本身体姿态的基础上,双臂放松,自然下垂于体侧,虎口向前,手指自然弯曲。双膝和两脚跟靠紧,脚尖分开似 V 字形,或双脚并拢。根据不同的场合灵活更换脚位的变化。这种站姿常用于近距离的交谈(图 2-6 和图 2-7)。

女士站姿规范

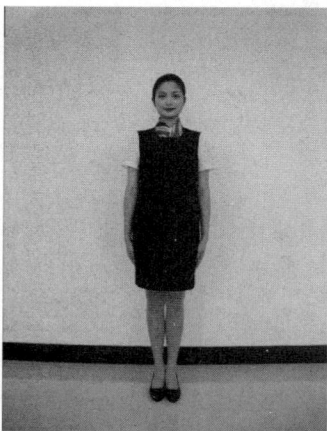

图 2-6　体侧式(并步)

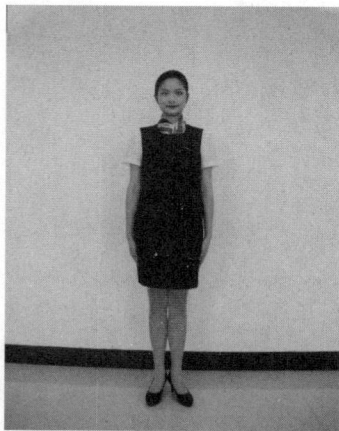

图 2-7　体侧式(V 字形)

（2）前腹式。女性在立正站姿的基础上，两手手指并拢，虎口交叉，一手在上、一手在下，自然放于腹前肚脐的地方，身体重心置于两脚上。也可以站成"丁字步"，"右丁字步"是左脚向后，将脚内侧贴于右脚跟处；"左丁字步"是右脚向后，将脚内侧贴于左脚跟处。"丁字步"可以避免不完美的腿形，如O形、X形腿，同时穿裙装、旗袍时显得更加优雅，也可以通过左、右丁字步的交换，减轻站姿疲劳。根据不同的场合灵活更换脚位的变化。这种站姿常用于接待（图2-8～图2-10）。

图2-8　前腹式（V字形）　　　图2-9　前腹式（右丁）　　　图2-10　前腹式（左丁）

（3）后背式。女性在立正站姿的基础上，两手在身后交叉，交叉手势同前腹式，并放置于臀、腰之间的位置，上手肘关节微微展开。双脚呈V字形，或丁字步，可以根据不同的场合灵活更换脚位的变化（图2-11～图2-13）。

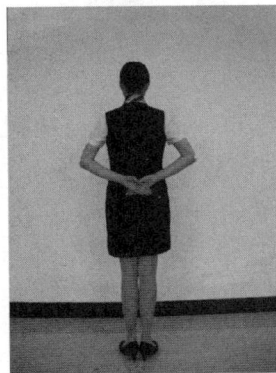

图2-11　后背式（V字形）　　　图2-12　后背式（丁字步）　　　图2-13　后背式（手位）

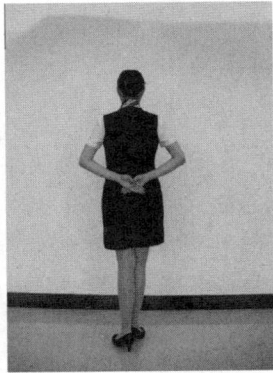

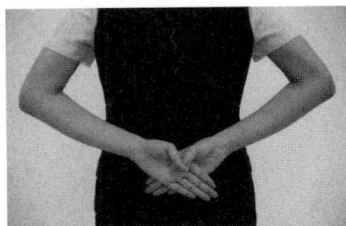

2）男士标准站姿动作要领

（1）体侧式。男性在立正站姿的基础上，双臂放松，自然下垂于体侧，虎口向前，中指贴在裤缝，手指自然弯曲。双脚呈V字形，或两脚打开与肩同宽（图2-14和图2-15）。

（2）前腹式。男性在立正站姿的基础上，两手在腹前交叉，左手半握拳，右手握于左手手腕部位。双脚呈V字形，或两脚分开与肩同宽（图2-16～图2-18）。

男士站姿规范

图 2-14　体侧式（V 字形）

图 2-15　体侧式（双脚打开）

图 2-16　前腹式（V 字形）

图 2-17　前腹式（双脚打开）

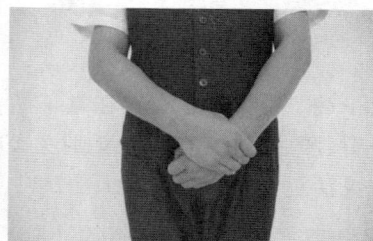

图 2-18　前腹式（手位）

（3）后背式。男性在立正站姿的基础上，左脚向左横迈一小步，两脚分开与肩同宽。两手在身后交叉，交叉的方式同前腹式。这种站姿优美中略带威严，易产生距离感，常用于门童、保卫等（图 2-19 和图 2-20）。

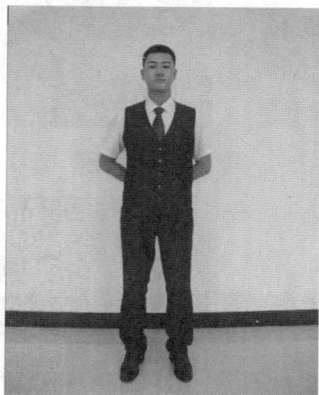

图 2-19　后背式

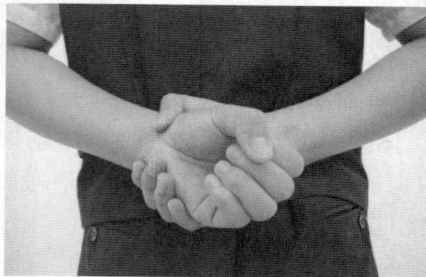

图 2-20　后背式（手位）

大学生要根据不同的场合灵活选用适合的站姿。在非正式场合，站姿可以随意一些，交谈时可以加手势，营造轻松、随和的交流氛围，但仍然要注意抬头挺胸，身体保持直立。

3. 不良站姿

在公众场合，大学生应避免出现各种不良姿态的站姿，不良站姿显得人精神不佳，没有礼貌，是站姿的禁忌。例如：

（1）身躯歪斜、弯腰、驼背、耸肩。

（2）趴伏倚靠。靠桌、椅、门、墙、人等。

（3）手位不当。在站立时，双手环抱或叉腰、双手插入口袋。

（4）脚位不当。在站立时，腿脚不自主地抖动、打拍子；脱鞋或半脱不脱，脚后跟踩在鞋帮上；站立时习惯站成内八字、外八字等。

大学生要注意避免以上不良站姿。这些不良站姿是可以通过一些辅助方法进行矫正练习的。

4. 站姿的辅助训练

1）九点靠墙法

身体背靠墙站，使后脑勺、双肩、臀部、小腿肚、脚后跟均能与墙壁紧密接触，双腿间可放一张纸片，不能让纸片掉下来。练习站立动作的持久性与挺拔感（图 2-21）。每天坚持练习，长期坚持，形成良好站姿的习惯。在寝室两个身高相当的同学也可以背靠背练习。

2）头顶书本

头上顶一本书，保持书不落地，锻炼站姿的平衡性、稳定性（图 2-22）。

3）对镜练习

通过镜子练习矫正自己的站姿。在正确的站姿基础上，结合面部眼神、微笑练习，完善站姿的整体形象。

站立是大学生交往中的一种最基本的身体姿态，它较大程度地影响到个人的精神面貌和礼仪素养，通过训练掌握正确的站姿，形成习惯，正确运用于学习、生活和未来的工作中。

图 2-21　九点靠墙法

图 2-22　头顶书本

应用案例

曾参避席

曾参是孔子的学生,以孝行和恭敬闻名。有一次,曾参在孔子身边侍坐,孔子问他:"以前的圣贤之王有至高无上的德行、精要奥妙的理论,用来教导天下之人,人们就能和睦相处,君王和臣下之间也没有不满,你知道它们是什么吗?"

曾参听了,明白老师是要指点他深刻的道理,于是立刻站起来,离开座席,站立在席外恭恭敬敬地回答:"我不够聪明,哪里能知道这些道理? 还请老师把这些道理教给我。"

曾参避席,表现出对老师孔子的恭敬之心。后来,与尊长同坐需要回答问题时,起身离席、站立成为礼仪规范,表示自己的谦逊和对对方的尊重。

资料来源:陈济.中华文明礼仪[M].北京:高等教育出版社,2017.

2.4.2 坐姿

"坐如钟",坐姿是大学生举止仪态的主要内容之一,无论是伏案学习,还是与他人交谈、娱乐休息等,都离不开坐。正确规范的坐姿给人以端庄、文雅、稳重、大方的舒适感,同时也能体现个人良好的气质和美感。

1. 坐姿的基本要领

上半身挺直,双肩放松,下巴向内微收,颈部挺直,挺胸收腹,并使腰背部和大腿成90°,大腿与小腿成90°,小腿与地面基本垂直,双手自然放在双膝上,两脚平落地面。两膝间的距离,女性膝关节并拢,男性双脚分开以不超过肩宽为宜。

坐姿讲究入座、就座和离座的方法。正式场合遵循"以右为尊"的国际礼仪原则,通常"左进左出",即从座位的左侧入座、从座位的左侧离座。入座时,走到座位前,右脚先向后退半步,站稳再入座。与长者、老师、领导一起入座时,讲究"尊者优先",不要抢座。与平辈、同学、同事之间可以同时入座;就座时,坐在椅子或沙发的1/3或2/3为宜,不要满座。女性穿裙装时,就座娴雅,手背抚裙;离座时,动作轻缓,右脚先向后退半步,起身站稳再走,从座位左侧离座。

2. 标准坐姿动作要领

在基本身体姿态的基础上,由于双脚的放位不同,女士坐姿可分为端坐式、侧点式、挂膝式、后交叉式;男士坐姿可分为端坐式、挂膝式、前后式。

1)女士标准坐姿动作要领

(1)端坐式。走到座位前自然转身,右脚向后退半步,慢慢坐下,双脚并拢放于体前,并使身体与大腿、大腿和小腿、小腿与地面分别成90°,两手相交置于腿上,左手放在右手上或右手放在左手上。这种姿势常用于与长者、老师、领导或初次交往对象交谈时,显得谦逊和稳重(图2-23)。

女士坐姿规范

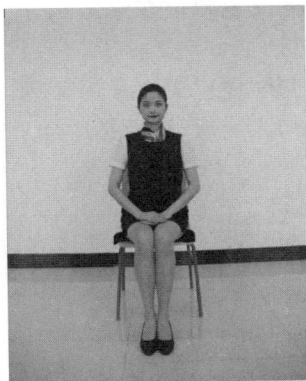

图 2-23　端坐式

（2）侧点式。入座同"端坐"，双脚并拢，放置于身体的一侧，双脚脚跟微微抬起，脚尖触地（图 2-24 和图 2-25）。与人并排坐时，双脚要放置于远离对方的一侧。坐的时候两者之间需要保持一定的距离。这种姿势可以让自己的身体尽量面向对方，以更好地体现对交谈内容的兴趣，也容易拉近与对方的心理距离（图 2-26 和图 2-27）。

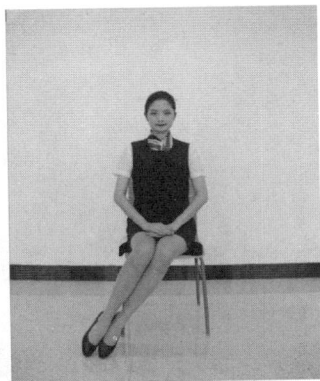

图 2-24　侧点式 1

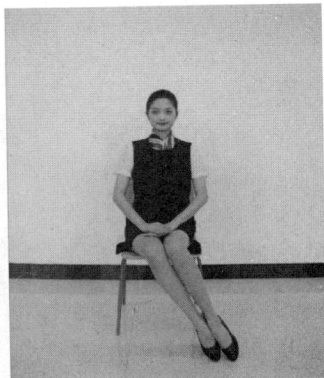

图 2-25　侧点式 2

图 2-26　侧点式（并排坐）1

图 2-27　侧点式（并排坐）2

（3）挂膝式。左腿放在右腿上或右腿放在左腿上，两腿膝部交叉，使两只腿呈重叠形式，脚尖伸直指向地面，小腿并拢（图 2-28～图 2-30）。当与对方侧向坐时，要把靠近对方的腿放在上面，避免鞋底对着交往对象，显得更加有礼貌（图 2-31 和图 2-32）。这种坐姿不适合与长者、老师、领导和初次见面的人交谈时，而是适合于同级别、同龄人之间交谈时，显得自由些，谈话的氛围也轻松一些。

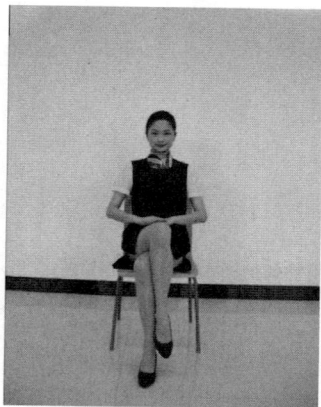

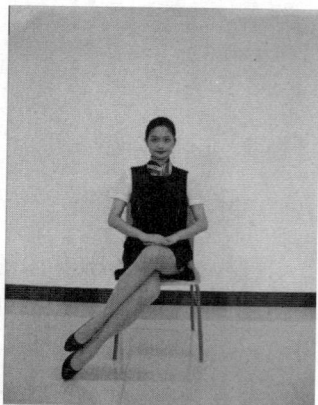

图 2-28　正挂膝　　　　　　　图 2-29　侧挂膝 1　　　　　　　图 2-30　侧挂膝 2

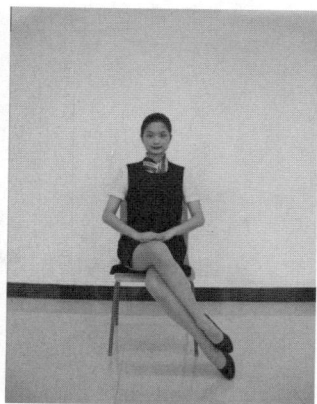

图 2-31　侧挂膝（并排坐）1　　　　　　　图 2-32　侧挂膝（并排坐）2

（4）后交叉式。两只脚踝关节交叉放于身体一侧，左脚踝关节放在右脚踝关节后面或右脚踝关节放在左脚踝关节后面，使两只脚成交叉姿势（图 2-33 和图 2-34）。注意对方在你的左侧时，左脚在右脚后面交叉。对方在你的右侧时，右脚在左脚后面交叉（图 2-35 和图 2-36）。这种姿势适合于与交谈者并排坐的时候，让自己的身体尽量面向对方，方便交谈，也容易拉近与对方的心理距离。

2）男士标准坐姿动作要领

（1）端坐式。走到座位前，转身后右脚向后退半步，慢慢坐下，身体与大腿、大腿和小腿、小腿与地面分别成 90°，两脚平落地面。两膝间的距离以不超过肩宽为宜，两手分别置于大腿前部。端坐一般用于与领导、长者、老师或初次见面的人相对而坐时，显得谦逊和稳重（图 2-37）。

男士坐姿规范

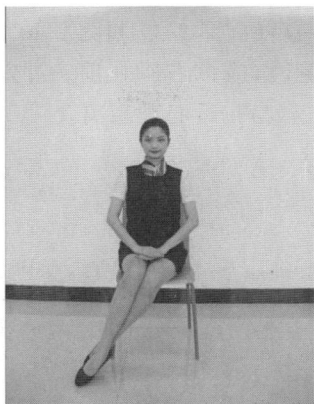

图 2-33　后交叉式 1

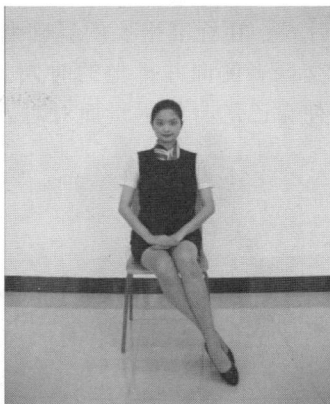

图 2-34　后交叉式 2

图 2-35　后交叉式(并排坐)1

图 2-36　后交叉式(并排坐)2

　　(2) 挂膝式。左腿放在右腿上或右腿放在左腿上，两腿膝部交叉，使两只腿呈重叠形式，脚尖伸直指向地面，小腿并拢。注意当与对方侧向坐时，要把靠近对方的腿放在上面，避免鞋底对着交往对象，显得更加有礼貌。挂膝式适用于同级别、同年龄的人之间进行交谈时，显得自由、氛围轻松一些(图 2-38)。

图 2-37　端坐式

图 2-38　挂膝式

（3）前后式。在标准坐姿的基础上，两只脚一前一后放（图 2-39 和图 2-40）。这种姿势主要用于与交谈者侧向并排坐的时候。当对方在左侧时，应该右脚在前；对方在右侧时，左脚在前。使自己的身体尽量面对对方，容易交谈，也容易拉近心理距离。

图 2-39　前后式 1　　　　　　　　　　图 2-40　前后式 2

3. 不良坐姿

在公众场合要避免以下坐姿。

（1）落座时，低头含胸。显得不雅，也不美观。

（2）坐时，勿将双手夹在两腿之间。显得胆怯害羞、缺乏自信。

（3）坐时双腿分开过大。女士穿裙装时容易走光，男士坐时，可以把腿适当分开与肩同宽，但不宜超过肩宽。

（4）用脚打拍子、上下抖动。显得心慌意乱，不专注。

（5）双腿过分前伸。显得霸道，坐时应避免内八字。

（6）把腿架在椅子、茶几、沙发扶手上。显得没有教养。

（7）满座沙发或椅子，身体斜靠在椅背上。显得懒散（图 2-41）。

（8）跷腿太高。一腿盘放于另一条腿上，脚尖指向前方或他人，显得放肆，目中无人（图 2-42）。

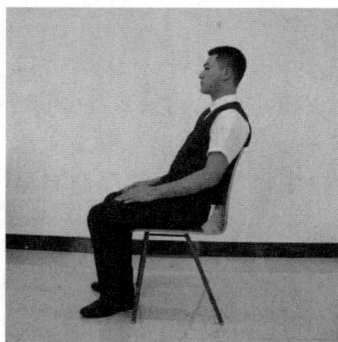

图 2-41　不良坐姿 1　　　　　　　　　　图 2-42　不良坐姿 2

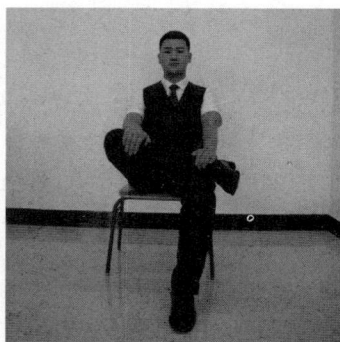

4．坐姿的辅助训练

（1）面对镜子练习。练习入座、就座和离座，进行自我纠正，重点检查手位、脚位。

（2）面对面练习。在寝室，两位或多位同学面对面练习坐姿，指出对方的不足。

应用案例

坐姿学问

1．深坐与浅坐

与人交谈时，坐得靠后（深坐）或坐得靠前（浅坐），可以反映不同的心理状态和待人态度。深坐，表现出一定的心理优势和充满自信；浅坐，表现出尊重和谦虚。

2．张腿坐与并腿坐

男性张开双腿而坐，表示个性奔放坦率，胸怀开阔，且有较强的自信。女性张腿而坐是不雅观的，不论何时、何地、任何情况，都不可采取这种坐姿。

男性并腿坐，表示出严肃、郑重和认真。女性常常采用这种坐姿，表现出端庄和郑重。

资料来源：梁颖，陈杰峰.旅游礼仪［M］.上海：上海交通大学出版社，2015.

2.4.3 走姿

老子说："千里之行，始于足下。"走姿是人体的一种动态姿势。它以站姿为基础，是站姿的延续动作。正确的走姿，能走出风度，走出优雅，走出美，更能显示一个人的活力与魅力。

女士走姿规范

1．走姿的基本要领

步履自然、轻盈、稳健，抬头挺胸，双肩放松，提臀收腹，重心稍向前倾，两臂自然前后摆动，目光平视，面带微笑（图2-43）。

2．标准走姿动作要领

1）步位标准

步位，即脚落在地面的位置。女士走"一字步"，两脚跟要前后踏在一条直线上，脚尖略外展（图2-44）；男士走"平行步"，两脚可保持适当间隔，脚尖稍微外展，避免重心过度左右摆动。

男士走姿规范

2）步度适中

步度（也称步幅），即在行走时两脚之间的距离。步度大小因人而异，一般为自己一只脚的长度距离（图2-45）。步幅的大小应根据性别、身高、着装与场合的不同而有所调整。如女士穿裙装或高跟鞋时，步幅应小些，凸显端庄与优雅；穿休闲长裤时步伐可大些，凸显靓丽与活泼。

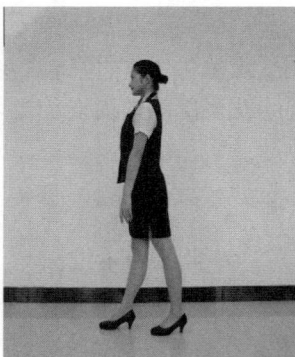

图 2-43　走姿　　　　　　　图 2-44　走姿步位　　　　　　图 2-45　走姿步度

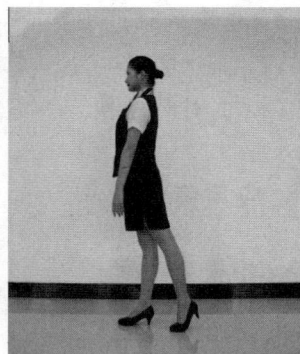

3）速度均匀

在一定的场合，一般应当保持相对稳定的速度。在正常情况下，女士每分钟走 60～80 步，男士每分钟走 80～100 步，男士的速度可以比女士稍快。具体速度要视服装和场合而定。

4）摆臂自然

双肩相平不摇，两腿直立不僵，双臂前后摆幅在 30°～40°，两手自然弯曲。

3．不良走姿

（1）走鸭子步，即走路摇摇摆摆。

（2）走外八字、内八字，步态不雅。

（3）手臂摆动的幅度太大。手臂做左右式的摆动。

（4）行走时与他人相距过近，与他人发生身体碰撞。

（5）行走时速度过快或过慢，或看手机对周围的人造成影响。

（6）与他人同行勾肩搭背。

（7）边行走、边吃喝。

（8）制造噪声。如拖鞋、声音大的高跟鞋。

4．走姿的辅助训练

1）定点法

在地上画一条直线，行走控制步位、步幅。

2）计时法

控制时间。一般情况下，女士每分钟走 60～80 步，男士每分钟走 80～100 步。

3）稳定性练习

在保持正确姿势的基础上，头顶书本，练习行走的稳定性。

4）摆臂练习

身体直立，以肩为轴，双臂自然摆动。注意摆动的幅度，一般前后摆幅在 30°～40°。

此外，选择舒适、合脚的鞋或鞋垫，让足部处于良好的受力状态，更能保持身体的平衡，端正走姿。走姿文雅、端庄，不仅给人以沉着、稳重、冷静的感觉，而且是展示个人气质与修养的重要形式。端正走姿也可以防止身体变形,防止颈椎、脊椎方面的疾病。

![应用案例]

糠秕在前,沙砾在后

东晋时,王文度与范文期是同僚,王文度的年纪小,但职位高,范文期虽年长却职位低,两人走路时总是互相谦让,请对方走在前面。

有一次,恰巧王文度走在范文期的前面,于是他便说:"簸之扬之,糠秕在前。"意思是用簸箕扬谷物时,糠秕总是先被扬出去的,暗示自己虽然行走在前,却是无用的糠秕。范文期立刻回答道:"淘之汰之,沙砾在后。"用水淘米的时候,沙砾总是在后面被淘出来,谦称走在后面的自己是沙砾。后来,人们常以"糠秕在前、沙砾在后"来表示谦逊礼让。

资料来源:陈济.中华文明礼仪[M].北京:高等教育出版社,2017.

2.4.4 蹲姿

在社交场合,需要从地面拾捡物品、下蹲取低处物品、整理着装、拍照等,会用到蹲姿。一般情况下,蹲姿不如站姿、坐姿、走姿使用频繁,常常被人忽视。如能采用得当的蹲姿,将会给人留下美好的印象。

1. 蹲姿的基本要领

下蹲时,一脚在前,一脚在后,两腿向下蹲,前脚全着地,小腿基本垂直于地面,后脚脚跟提起,脚尖着地。女士应双腿靠紧,男士则可适度将双腿分开。尽量保持脊背挺直,臀部向下,基本上以后腿支撑身体。

2. 标准蹲姿动作要领

在公众场合,女士蹲姿因着装不同,可分为高低式蹲姿、交叉式蹲姿。
男士一般使用高低式蹲姿。
1) 女士标准蹲姿动作要领
(1) 高低式蹲姿。下蹲时,一般是左脚在前,右脚稍后。左脚应完全着地,小腿基本上垂直于地面;右脚则应脚掌着地,脚跟提起。双膝内侧靠拢,右膝须低于左膝,形成左膝高、右膝低的姿态。这种蹲姿的特征是双膝一高一低(图2-46)。

女士蹲姿规范

(2) 交叉式蹲姿。下蹲时,右脚在前,左脚在后。下蹲后,右腿在上,左腿在下,两腿交叉重叠。右小腿垂直于地面,全脚着地。左膝由后下方伸向右侧,左脚脚掌着地,脚跟抬起。两腿前后靠近,合力支撑身体。上身略向前倾,臀部朝下。这种蹲姿的特征是蹲下后双腿交叉在一起。尤其是穿着裙装时,显得造型优美典雅,也不会"走光"。如果穿的衣服领口较大,需要用手轻轻按住领口,两腿并拢下蹲(图2-47)。

图 2-46　高低式蹲姿

图 2-47　交叉式蹲姿

2）男士标准蹲姿动作要领

男士一般使用高低式蹲姿。下蹲时，一般是左脚在前，右脚稍后。左脚应完全着地，小腿基本上垂直于地面；右脚则应脚掌着地，脚跟提起。右膝须低于左膝，形成左膝高、右膝低的姿态。适度分开膝关节，以不超过肩宽为宜（图 2-48 和图 2-49）。

男士蹲姿规范

图 2-48　高低式蹲姿 1

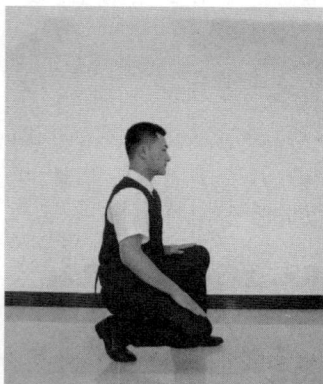

图 2-49　高低式蹲姿 2

3．不良蹲姿

（1）方位失当。在他人面前下蹲，注意与他人保持一定的距离，避免彼此迎头相撞，应与之侧身相向。正面面对他人或是背部对着他人下蹲，都是不礼貌的。

（2）下蹲时，不屈膝、翘臀，特别是臀部对着他人。

（3）下蹲后，腿过度分开。

（4）突然下蹲、突然起身。下蹲时，切勿速度过快，身体重心控制不好，下蹲过分晃动身体。行进中需要下蹲时，尤其要注意。

（5）毫无遮掩。女士在大庭广众面前下蹲，一定要避免"走光"。

（6）随意滥用。蹲姿是在特殊情况下的姿势，在公众场合不可随意乱用。如不可蹲在椅子上,也不可蹲着休息。

应用案例

温馨的服务

  小陈是某高校航空服务专业刚毕业的学生,在某次航班的飞行中,小陈看到机上有一位老人行动不便,小陈主动来到老人旁边,采用了"蹲式服务",下蹲问好,询问老人是否需要帮助,老人听力不太好,小陈耐心与老人交流。在机上餐食服务中,小陈也很细心,下蹲将餐食、饮料放在老人的小桌板上,并为老人打开餐具,为老人提供最方便的服务。在飞行中,小陈也经常来到老人身边,下蹲与老人交流。在飞行结束后,小陈收到了老人写的"表扬信",老人感谢小陈细心照顾,能够蹲下来与自己交流、提供服务,让他感到很温馨。

2.4.5　表情

1. 微笑

  微笑是世界交际语,不分国界、文化、种族、宗教,每个人都能理解。微笑也是人际交往的润滑剂,是一个人礼仪修养的展现。

  1) 微笑的基本要领

  微笑由眼神、眉毛、嘴巴等方面协调动作来完成。面部肌肉放松,苹果肌发力带动嘴角肌上扬,微笑要亲切、自然、甜美、真诚,防止生硬、虚伪、笑不由衷的表情出现。

微笑的魅力

  2) 标准微笑动作要领

  (1) 一般微笑。一般微笑是嘴角挂着一丝笑容的状态,基本做法是面部肌肉放松,两边嘴角向上略微提起,不露齿,不出声。即含蓄的笑,也是我们熟悉的蒙娜丽莎的微笑,也称"一度微笑"(图2-50)。或上下唇微打开,露出黄豆大小的缝隙,也称"二度微笑"(图2-51)。

  (2) 超级微笑。超级微笑即"三度微笑",是露出牙齿的不出声的笑。也是国际上常用的"3米8微笑",3米之外露出上牙8颗牙齿的微笑。这是一种热情、灿烂、极富感染力的笑(图2-52)。

  3) 微笑禁忌

  假笑:是在违背自己意愿的情况下做出的笑容,也就是平常说的皮笑肉不笑,给人以虚假的感觉。

  冷笑:含有轻蔑、讽刺、无可奈何等意味的笑,往往对别人观点表示不赞同和不屑时的表现。容易导致对方产生敌意。

  讥笑:使对方感到恐慌。

  放肆大笑:使人感到没有教养。

  傻笑:令对方尴尬。

图 2-50　一度微笑　　　　　图 2-51　二度微笑　　　　　图 2-52　三度微笑

4）微笑的辅助训练

对镜练习法：可以放一首背景音乐，以轻松愉快的心情站在镜子前，调整呼吸练习，同时配合眼神，达到眉目舒展的微笑面容。

口型对照法：通过相似的发音口型，找到适合自己的最美的微笑状态。如"一""七""茄子""威士忌""呵""哈"或英文单词"Cheese"、英文字母"g""e""c"等。

含筷子：用含筷子的方法练习嘴角肌上翘的感觉，从而达到练习微笑的目的。

心理训练（情绪诱导法）：相由心生，一个人的面部表情很大程度上取决于他的心理状态。只有内心快乐的人，才会拥有自然迷人的微笑。如打开相册时，在欣赏中不自觉流露出的微笑和快乐。

2．眼神

"眼睛是心灵的窗户。"印度伟大诗人泰戈尔说："在眼睛里，思想敞开或是关闭，发出光芒或是没入黑暗，静悬着如同落月，或者像急闪的电光照亮了广阔的天空。"意思就是人的眼睛能够传神。

眼神的魅力

1）眼神注视的方法

公务注视：一般用于洽谈、磋商等场合，注视的位置在对方的双眼与额头之间的三角区域（图 2-53）。

社交注视：一般在社交场合，如宴会、舞会、酒会上使用。注视的位置在对方的双眼与嘴唇之间的三角区域（图 2-54）。

亲密注视：一般在同学、亲人、恋人、家庭成员等亲近人员之间使用，注视的位置在对方的双眼和胸部之间（图 2-55）。

2）眼神注视的部位

注视对方的双眼：表示自己全神贯注、认真聆听，表示诚意。但是时间上不宜过久。

注视对方的面部：与对方较长时间交谈时，可以以对方的整个面部为注视区域。不要聚焦于一处，而是以散点柔视为宜。

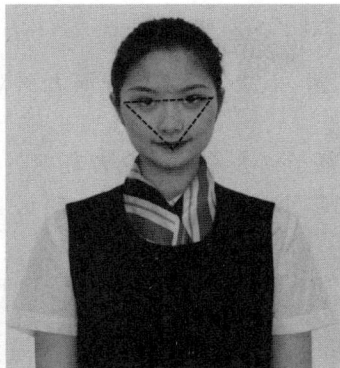

| 图 2-53　公务注视 | 图 2-54　社交注视 | 图 2-55　亲密注视 |

　　注视对方的全身：同对方相距较远时，范围一般应当以对方的全身为注视区域。

　　注视对方的局部：通常会因为实际需要而对对方身体的某一部分多加注视。如在递接物品时，应注视对方手部。

　　3）眼神注视的角度

　　正视：在注视对方时，与之正面相向，同时还须将上身前部朝向对方。正视对方，是一种基本礼貌，主要表示重视对方。

　　平视：在注视对方时，身体与其处于相似的高度。平视与正视一般并不矛盾。因为在正视对方时，往往要求同时平视对方，表现双方地位平等。

　　仰视：在注视对方时，所处位置高低不一致，需要抬头向上仰望对方。给予对方重视、信任之感。

　　俯视：若对方所处的位置较低，需要低头向下俯视对方。注意俯视对方，不要带有自高自大之意。

应用案例

微笑的力量

　　某公司要招聘一位市场部秘书。一位文秘专业毕业的本科生的简历吸引了人事部经理。做过一年办公室文秘工作，又做过一年销售部的秘书，有一定的工作经验。于是人事部通知这位文秘专业本科生两天后来公司面试，但面试结果出人意料，她没有被录取。事后，人事部经理说，那次面试是他亲自主持的。他发现那位女士有个特点，就是不管什么时候都锁着眉头，不会微笑，神情沉闷。

　　资料来源：于丽娟.旅游服务礼仪实训教程[M].北京：经济管理出版社，2015.

2.4.6　鞠躬

　　在社交活动中，鞠躬礼使用得越来越频繁，用以表达对他人的敬意和感激之情。主要适用于以下场合。

（1）庄严肃穆、喜庆欢乐的仪式场合。

（2）学生对老师、晚辈对长辈、下级对上级、表演者对观众等都可行鞠躬礼。

（3）领奖者上台领奖时，向授奖者及全体与会者鞠躬行礼。

（4）演员谢幕时，对观众的掌声常用鞠躬致谢。演讲者也以鞠躬来表示对听众的敬意。

（5）表示感谢或回礼，或是遇到尊贵人物时，也可行鞠躬礼。

鞠躬的正确运用

1. 鞠躬的动作要领

标准的鞠躬礼动作有四要素，即站立姿势、鞠躬角度、鞠躬速度、眼睛的落点。

1）站立姿势

标准站姿站立，目视对方，脚跟并拢，两脚尖稍分开。男士鞠躬时，双臂下垂，手指并拢，贴于身体两侧，两臂也可顺着上身动作，手背朝外，垂于体前；女士手指并拢，双手叠搭于腹前，右手盖在左手上。在受礼者前约 2 米的距离，摘下围巾、帽子，先致问候语，再弯身鞠躬行礼。头、颈、腰背保持在一个平面上，向前、向下倾斜，颈部不可伸太长，上身抬起略慢于下弯。

2）鞠躬角度

依据敬意程度可以将鞠躬分为以下几度。

（1）一度鞠躬。上身倾斜约 15°，是一般场合中最普遍使用的敬礼，适用于社交问候、打招呼时（图 2-56）。

（2）二度鞠躬。上身倾斜约 30°，一般在很正规的场合或向自己的老师、领导、上司问候时使用（图 2-57）。

（3）三度鞠躬。上身倾斜约 45°，表示向对方深度敬礼和道歉（图 2-58）。

一般而言，90°鞠躬在生活中较少用到，主要运用于特殊场合，如婚礼、葬礼、谢罪、忏悔等（图 2-59）。

图 2-56　一度鞠躬　　　图 2-57　二度鞠躬　　　图 2-58　三度鞠躬　　　图 2-59　90°鞠躬

3）鞠躬速度

在行鞠躬礼时，速度不要太快。男士可以比女士稍快一点。从问候、弯腰，到上身恢复原状,鞠躬致敬过程 2～3 秒为宜。

4)眼睛的落点

一般行 15°鞠躬礼时可以双眼看着距自己脚尖 3～3.5 米的地面,行 30°鞠躬礼时双眼看着距自己脚尖 2～2.5 米的地面,行 45°鞠躬礼时双眼看着距自己脚尖 1～1.5 米的地面。当然,在行鞠躬礼时,目光应随鞠躬角度自然下移至自己的脚前区域。

2.鞠躬的礼规

(1)对他人的鞠躬致意,受礼者应及时回应。一般地位相当者,可回应同样鞠躬(图 2-60);受礼者为领导、长辈、年老者,欠身、拱手或握手作答均可。

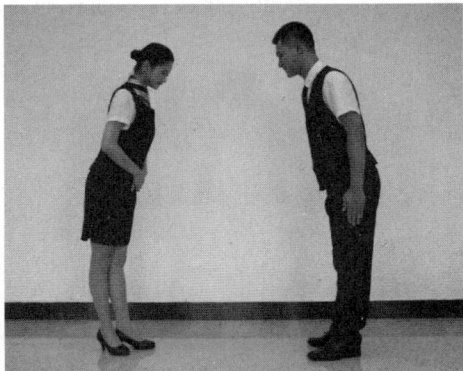

图 2-60 鞠躬

(2)地位较低的人应先鞠躬。学生向老师先鞠躬、晚辈向长辈先鞠躬、下级向上级先鞠躬。

(3)地位较低的人鞠躬要相对深一些(图 2-61)。同级、同事、同学之间,可回应同样鞠躬。

图 2-61 鞠躬回礼

3.不良鞠躬姿态

(1)说话和鞠躬同时进行。

（2）鞠躬时，将双手背于身后。

（3）不看对方的鞠躬。行礼时，要注视对方眼睛，问候之后，随致礼目光下移，落到自己的脚前。礼毕，站直时，目光回到对方面部。

（4）只弯头的鞠躬，或驼背式的鞠躬。

（5）头部左右摇晃的鞠躬。

4．鞠躬的辅助训练

（1）控制眼睛落点。眼睛随着动作走，灵活停在身前。

（2）控制鞠躬角度。15°、30°、45°、90°练习。

（3）以腰为轴后背挺直。头部、颈部和腰背在行鞠躬礼的时候保持在一个平面上。

（4）两位同学面对面站立，练习行鞠躬礼。

应用案例

一个鞠躬礼优雅动人心

"一个看似极其普通、简单到不能再简单的动作，却胜过千言万语。小小的一个鞠躬礼，展示着具有 2500 多年文化底蕴的苏州人民的谦恭文明，蕴含着苏州人民的感谢和理解。"一段拍摄市民在核酸采样期间向一线防疫工作人员鞠躬致谢的视频火出圈。记者采访了照片拍摄者李强，了解照片背后的故事。

李强作为一名摄影志愿者活跃在防疫一线，记录防疫现场的点点滴滴。在 2022 年 2 月 18 日白莲社区的核酸检测采样点，李强无意间抓拍到一位白发老先生，在采样后从随身的包里拿出几个暖宝宝默默放在桌上，并不停地向防疫医务人员行鞠躬礼表示感谢。"当时看到这个瞬间我也非常动容，发现这些画面可以彰显我们苏州市民的文化底蕴与人文素养。"拍摄的照片他分享在微信群、朋友圈、视频号和抖音，希望以苏州市民在危难时刻仍然保持良好优雅文明素质的画面来感染大家，少一分抱怨和不安，多一分理解和宽容。

资料来源：https://baijiahao.baidu.com/s?id=1725356918214118970&wfr=spider&for=pc.

2.4.7　手势

俗话说："心有所思，手有所指。"手势是常用的一种肢体语言。大方、恰当的手势可以给人以肯定、明确的指示和优美文雅的印象。

引领手势

1．手势的基本要领

手掌自然伸直，掌心向内向上，手掌与地面成 45°，手指并拢，大拇指微微弯曲紧贴虎口，手腕伸直，使手与小臂成一直线，肘关节自然弯曲，大小臂的弯曲以 120°左右为宜。一般女士的另一只手放于腹前，男士的可以放在腹前，也可以背于身后。

2．标准手势动作要领

常用的手势有横摆式、斜下式、直臂式、介绍式。

1）横摆式

横摆式是一个引位的姿势。在表示"请""请跟我来""这边请"的时候运用。动作要求：右手五指并拢伸直成一个面，掌心不可凹陷，大拇指微微弯曲紧贴虎口，手掌与地面成45°，手心斜对上方。动作时，手以肘关节为轴向右摆动到身体右侧稍前的地方，大臂与小臂的角度在120°左右，大臂与躯干的角度为45°左右（图2-62）。也可以用左手把对方往自己左侧引领，动作要领同右手。另外，在面对众多人做"请"的手势时，可以双手示意。

2）斜下式

斜下式是一个请坐的姿势。基本手型同横摆式，在请他人入座时，手要以肘关节为轴自然摆动，指向座椅位置方向，大臂与躯干的角度为30°左右。同时配合"请坐""您请坐！""请上座""您请坐右边"等（图2-63）。如果凳子在自己的左侧，则可以用左手，动作要领同右手。

图 2-62 横摆式

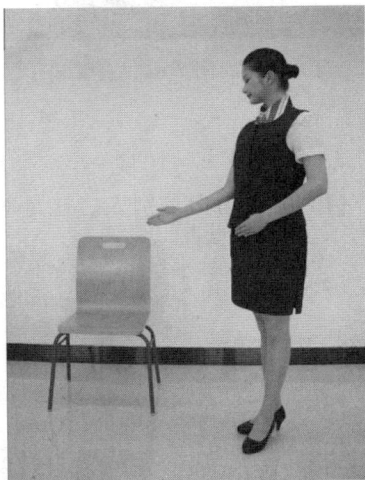

图 2-63 斜下式

3）直臂式

直臂式是一个指示方向的手势。基本手型同横摆式，手要以肘关节为轴自然摆动，手臂抬至肩高，使大臂与躯干成90°，指尖指向前方或转的方向。肘关节微微弯曲，大臂与小臂的角度在160°左右，同时配合"请往前走""请往前走、右转""请往前走、左转"等。一般男士使用这个动作较多。注意指引方向，不可用一根手指指出，显得不礼貌（图2-64和图2-65）。

4）介绍式

介绍式是一个介绍人的姿势。基本手型同横摆式，手要以肘关节为轴自然摆动，手臂高度为对方的胸腰之间，肘关节微微弯曲使大臂与小臂的角度在120°左右，五指并拢指向被介绍人。需要同时介绍几位时，手位可以灵活变化，如"这位是王老师、这位是李老师、这位是张老师"。

以上四种常用手势在运用时，要求手型标准，四个手势的手形均要求手掌与地面成45°，以肘关节为轴轻缓地摆出，力度、速度、幅度恰当，动作优美。一般情况下，男士为了更好地体现阳刚之美，手臂动作在力度、速度方面均要略大于女士。女士也要通过恰当的力度、速度体现柔美，使动作优雅。还要注意目视对方，面带微笑，以更好地体现热情、友好。

图 2-64　直臂式 1

图 2-65　直臂式 2

3．手势禁忌

（1）用食指指点别人。这是对对方的不恭敬，特别是指向对方的面部、鼻子（图 2-66）。

图 2-66　不良手势

（2）手势过快、过多。在示范讲话时手势过多，大家的注意力会集中在手势上，而不在于听讲的内容，所以手势宜少，不宜多。

（3）双臂环抱、双手抱头、双手插口袋等。

（4）在他人面前用手挖鼻孔、剔牙、挖耳朵、抓头皮等。

应用案例

手势的语言礼仪

1．"跷起大拇指"

大拇指向上竖起，其余四指握拳，世界上大部分地方都表示"好"或"真棒"。

中国：表示赞赏、夸奖，暗示某人真行。

美国、英国：表示想搭便车。

尼日利亚：视为粗鲁，表示侮辱。

澳大利亚：等同于骂人。

希腊：意味着"够了""滚开"，是侮辱人的信号。

德国：表示数字"1"。

日本：表示数字"5"。

2. "OK"手势

掌心朝外，拇指和食指组成的圈和剩余三个手指伸直，一般表示"好的""赞同"之意，但不同国家表达的意思也有差别。

美国、英国：通常表示赞同，暗示赞成或欣赏对方的观点。

比利时、法国：表示"零"和"一钱不值"。

德国：表示"笨蛋"。

日本：表示"硬币"。

缅甸、韩国：表示"金钱"。

印度：表示"正确"。

泰国：表示"没问题"。

巴西：常以之指责别人作风不正。

突尼斯：表示"无用"。

应用案例

席不正不坐

《论语·乡党》："席不正，不坐。"孔子认为席子不正而坐，是无礼。后来，孟子的母亲在怀着孟子时，为了让孟子成为一个正直的人，席不正不坐。孟子果然不负母亲的期望，成了一个"吾善养吾浩然之气"的大思想家。"席不正不坐"，强调的是内心以及身体仪态的端正，体现出一个人对自己的严格要求。

资料来源：陈济. 中华文明礼仪[M]. 北京：高等教育出版社，2017.

本章小结

（1）仪容反映着一个人的精神面貌、朝气和活力，是传达给交往对象最直接、最生动的第一信息。要求大学生必须自觉遵守仪容礼仪规范，更好地塑造美好的个人形象。

（2）立足大学生应该掌握的基本着装规范，强调"正衣冠""衣冠贵洁""衣冠贵礼"的实践性和运用性，能够根据不同的场合及环境恰当地选择符合自身条件的服饰，不断塑造并提升个人良好的外在形象。

（3）通过对仪态礼仪的学习，培养大学生良好举止仪态的习惯，在不同场合展现站姿挺拔、坐姿端庄、走姿稳健、手势优雅、表情真诚，体现出文明、优雅、敬人的行为举止，真正成为一名"言行一致""从容优雅"的新时代高素质大学生。

复习思考

一、知识问答

1. 大学生需要注意哪些仪容礼仪？

2. 仪容修饰在大学生形象塑造过程中有什么作用？

3. 大学生应该如何化妆？

4. 在社交场合大学生应注意哪些着装规范？

5. 规范的站姿、坐姿、走姿、蹲姿有哪些具体要求？

6. 常用的手势有哪些？

7. 如何行鞠躬礼？

二、实践训练

1. 模拟训练。

实训项目：大学生仪容的修饰。

实训目的：熟悉及运用规范个人仪容的要领及方法。

实训内容：大学生仪容的修饰规范。

实训要领：

（1）仪容要整洁。仪容要整齐洁净、清爽。要勤洗澡、勤洗脸,颈部、手部干净,注意去除眼角、口角及鼻孔的分泌物。

（2）仪容应卫生。注意口腔卫生,早晚刷牙,饭后漱口,口部无异味。指甲勤修剪,头发按时洗剪。要勤换衣服,消除身体异味,有体味要及早治疗。

（3）仪容应简约。仪容要修饰,以简练、自然、朴素为好。

（4）仪容应端庄。仪容庄重大方不仅会给人以美感,而且易于使自己赢得他人的信任。

2. 模拟训练。

实训项目：优雅仪态训练。

实训目的：熟悉及掌握仪态规范,避免不良举止仪态。

实训内容：标准站姿、坐姿、走姿、蹲姿、表情、鞠躬、手势的动作要领。

实训要领：

（1）站姿。头正、颈直、肩平、臂垂、挺胸、收腹、立腰、提臀、腿并。练习体侧式、前腹式、后背式。

（2）坐姿。练习入座、就座、离座。女士坐姿练习包括端坐式、侧点式、挂膝式、后交叉式。男士坐姿练习包括端坐式、挂膝式、前后式。

（3）走姿。头顶书本,练习行走的稳定性。女士走"一字步",男士走"平行步"。

（4）蹲姿。女士练习高低式蹲姿、交叉式蹲姿。男士练习高低式蹲姿。

（5）表情。微笑练习,对镜练习法、口型对照法、含筷子、心理训练（情绪诱导法）等。眼神练习,练习眼神注视的部位、注视的角度。

（6）鞠躬。练习站立姿势、鞠躬角度、鞠躬速度、眼睛的落点。

（7）手势。练习横摆式、斜下式、直臂式、介绍式。

第3章 大学生语言礼仪

教学目标

◆ **思政目标：**

　　学会用良好的语言习惯树立自身形象，用自信的语言表达来提升礼仪素养。

◆ **知识目标：**

　　掌握语言规范的相关知识及正确使用规范。

◆ **能力目标：**

　　学会常用礼貌用语的礼仪技巧和社交场合的基本语言技能。

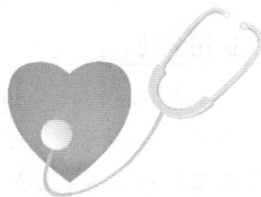

3.1 礼貌用语的正确使用

3.1.1 礼貌用语的特点

语言表达在当今社会是一个人的财富,不管你多么聪颖,接受过多么高的教育,穿多么漂亮的衣服,拥有多么雄厚的财富,如果你不能用得体的语言来表达你的思想、发表你的见解,那么仍然是没有用的。而其中的"得体"就是指不仅要会说,还要说得好,说得让人高兴,让人喜欢你。因此,礼仪不仅体现在个人形象和仪态方面,也体现在语言上。所谓"言为心声,语为人境",正是"言行一致"之意,说明语言的表达是一个人交际能力、礼仪水平和自身修养的体现。

礼貌、礼仪是人们在各种交往中彼此表示尊重与友好的行为规范,而礼貌用语就是表示尊重和友好的具体形式,是进入社交场合与人交流感情和传递信息的重要方式,也是树立自身良好形象的途径。

礼貌用语的特点主要表现如下。

1. 主动性

主动性是使用礼貌用语必须掌握的语言特点,说明礼貌用语的使用一定是一种主动而自觉的行为,语言的主动性同时也表明使用者的态度是积极的。被动的礼貌用语是不会发自内心的,也达不到语言的使用效果。

2. 约定性

约定性是指礼貌用语是社交场合约定俗成的一种语言规范,要符合所处的客观环境,也要符合使用者的身份地位,根据共同的社会背景、文化传统和个人经历等来选择礼貌用语的使用。约定性是指语言在使用中的规范性,它不是随意的,也不是一厢情愿的。

3. 情感性

语言一定是有情感的才会有效,才会"事半功倍",所以情感性是礼貌用语的一个有温度的特性。情感性表现在词语、语音、表情等方面都要有适合当下场合的情感体现,或温暖,或友善,或体谅,或歉意,或祝贺,各种不同的情感都让语言充满生命力。

4. 适度性

适度是指适合要求的程度,礼貌用语的使用一定要遵循这一特点,"过"让人不适,"不足"让人有被怠慢之嫌。"度"的把握一定是符合对象的需求,符合当时的场合而言的,不"夸张",说话留有余地,让人听了舒服的礼貌用语才是有价值的。

应用案例

导购太热情,反而导致客户的反感

在某品牌服装店,王女士告诉记者,她很不喜欢导购的虚假热情,尤其是讨厌寸步不离还喋喋不休的导购人员。每次去服装店,总有一位服装导购人员跟着她,说是帮她选合适的服装。每当她拿起一件衣服时,导购员就立即告诉她,这件衣服很适合她的身材,穿上一定特别好看,但王女士心里明白导购员是在奉承她。更令她不悦的是,这个执着的导购,从她一踏入服装店就寸步不离,且喋喋不休,让王女士十分反感,她草草看过两件衣服,随即走出了服装店的大门。

资料来源:搜狐网.

3.1.2 礼貌用语的要求

中国曾有"君子不失色于人,不失口于人"的古训,意思是说,有道德的人待人应该"彬彬有礼,不能态度粗暴,也不能出言不逊"。而礼貌用语的使用也有一定的规范,从内容上来说,常用的礼貌十字用语:您好、请、对不起、谢谢、再见,在使用时应该"请"字开路,"谢谢"压阵,"对不起"不离口,这些看似简单的用语如果使用恰当,对调合及融洽人际关系会起到意想不到的作用。当然,除常见的礼貌用语外,还应该更多地学习礼貌用语的拓展性使用,这样更能体现出我们的文化修养。

礼貌用语在使用上的要求如下。

1. 掌握更多礼貌语言拓展

除基本的礼貌用语外,在不同的场合还可以使用更丰富的礼貌用语。

见面语:"早上好""下午好""晚上好""您好""很高兴认识您""请多多指教""请多关照"等。

感谢语:"谢谢""劳驾了""让您费心了""实在过意不去""拜托了""麻烦您了""感谢您的帮助"等。

致歉语:"对不起""请原谅""很抱歉""请稍等""请多包涵"等。

迎送语:"欢迎您""见到您很高兴""再见""您慢走""欢迎再来""一路平安"等。

请托语:"请""请让一让""劳驾了""帮帮忙"等。

征询语:"您需要什么""能为您做点什么吗""您要不先试试""我可以进来吗"等。

应答语:"好,我明白了""这是我应该做的,没关系""您过奖了""对不起,请您稍等"等。

2. 使用中的"四有"

1)有教养

作为有文化有知识的当代大学生,一定要使用文明优雅的语言,"好话好说,好话常说",是指礼貌用语的规范化和艺术化,更是一个人的家庭教育和个人道德修养的体现。在合适的场合和地点说合适的话,学会用得体的语言尊重他人,这也是一个人高情商的体现。

新时代的大学生应该成为一个有修养的自信的表达者,有思想地表达自己的观点,有深度地探讨未知的事物,用语言给予他人帮助,用语言体现自己的综合素养和人文气质,让"好好说话"成为自己的一个良好习惯。

2）有礼节

在交谈中多使用礼貌用语，是博得他人好感与体谅的最为简单易行的做法。在使用礼貌用语时用词要文明，多用谦辞敬语，给人以彬彬有礼的感觉，杜绝粗话、脏话、黑话、怪话，要尽量使用文雅的词语，并且在说话时，行为要端正，举止要文雅得体。

3）有分寸

分寸原则就是语言的"适度"原则，是指使用礼貌用语时要注意分寸感，一定要因人而异，因时而变，因地制宜。要在背景知识方面知己知彼，要明确沟通交流的目的，要根据情况选择合适的交际方式，同时，还要用得体的肢体语言加以修饰。

4）有规范

礼貌用语的使用首先是要正确使用普通话和交际语言，要规范语言发音和语言习惯，不能因为太个性化而妨碍正常的交流，在公共场合，使用标准的普通话显得尤为重要，包括发音准确、语速适度、口气谦和、内容简明、少用方言土语。

应用案例

关于"您好"的故事

某天中午，一位下榻于某饭店的客人到餐厅去用餐，当他走进电梯时，站在电梯口的一位女服务员很有礼貌地向客人点头说："您好，先生！"客人微笑着回道："你好，小姐！"当客人走进餐厅后，迎宾员也讲了一句："您好，先生！"那位客人微笑着点了一下头，没有开口。客人吃完午饭后，顺便到饭店的庭院中去走走。当他走到大门时，一位男服务员又是同样的一句话："您好，先生！"这时，客人只是下意识地点了一下头，心里有些不耐烦了。不一会儿，客人重新走进大门时，门口仍然是那个服务员，"您好，先生！"的声音又传入客人的耳中，此时，这位客人已经有些反感了，他默默无语地径直去乘电梯准备回房间休息。在电梯口，这位客人恰好又碰见那位女服务员，自然又是一成不变的套话："您好，先生！"客人实在是不高兴了，皱起了眉头，装作没有听见的样子。这位客人在离店时，写给饭店总经理一封投诉信，信中写道："……我真不明白你们饭店是怎么培训员工的！在短短的午餐时间内，我遇到的几位服务员竟千篇一律的简单重复一句话：'您好，先生！'难道不会使用其他的语句吗？"

资料来源：https://mip.book118.

3.1.3 交谈中的语言礼仪

礼貌用语的使用很多时候都出现在与人交流和沟通的语境中，它是人们交流思想、表达情感、传递信息、进行交际、开展工作、建立友谊、增进了解的最为重要的一种形式。人与人之间的沟通交流是建立在彼此用语言传送信息的过程中，礼貌用语的用法和语言中的礼节往往是在这个过程中体现出来的。

交谈中的技巧

交谈中的语言礼仪最能体现一个人的为人处世和个人礼仪修养，通过交谈，让别人受

到尊重,让别人接受和喜欢你,都是语言礼仪的作用。

交谈中语言礼仪的体现要注意以下几点。

1. 语言要文明礼貌

礼貌用语是指社会上约定俗成的,用以表示谦虚或恭敬的专门用语。

例如:初次见面说"久仰",许久不见说"久违",客人到来说"光临",等待客人说"恭候",探望别人说"拜访",起身作别说"告辞",中途先走说"失陪",请人勿送说"留步",请人批评说"指教",请人指点说"赐教",请人帮助说"劳驾",托人办事说"拜托",麻烦别人说"打扰",求人谅解说"包涵"等。

2. 要建立双向共感

礼貌用语的使用实则是为了建立一种良好印象或是解决一个问题,因此在使用中,切不可一味只顾自己表达,而不考虑对方的反应。

1) 双向

在沟通中要坚持双向原则,要在可能的前提下尽量以对方为表达主体,不可自顾自话,或者觉得自己应该说得不错,而完全不考虑别人的感受。

2) 共感

在交流中说话的内容应该是彼此都感兴趣的,并能愉快地接受、积极地参与。绝不能以自我为中心,自以为是,而不顾及对方的感受和反应。只有共感的交流,才是有效的信息传递过程。

3. 准确选择主题

在交谈中主题的选择至关重要,选择合适和愉快的主题,加上合适的优美的语言表达,交谈的效果会更好,有五类话题都是适宜交谈,特别是初次见面交谈时选择的。

1) 既定的主题

既定的主题即交谈双方已经约定好,或者其中一方先期准备好的主题。选择这类主题的交谈最好由双方商定,至少要得到对方的认可,一般而言,它适用于正式场合。

2) 高雅的主题

高雅的主题即内容文明,格调高尚、脱俗的话题。它适用于各种交谈,但忌讳不懂装懂,或班门弄斧。

3) 轻松的主题

轻松的主题即谈论起来令人轻松愉快、身心放松、饶有情趣、不觉得压抑或厌烦的话题。它适用于非正式交谈,允许各抒己见、任意发挥。

4) 时尚的主题

时尚的主题即以此时、此刻、此地、当下正在流行的事物或非常重大的事件作为谈论的中心。它适用于各种交谈,但由于时尚变化较快,在具体的把握上有一定的难度。

5) 擅长的主题

擅长的主题即交谈双方,尤其是交谈对象有研究、有兴趣、有可谈之处的主题。它适用于各种交谈,但忌讳以己之长对他人之短,否则往往会"话不投机半句多"。因为交谈是意在促使彼此之间有所交流的谈话，故不可只有一家之言，而难以形成交流。

4．忌谈的内容

1）个人隐私

个人隐私即个人不希望他人了解之事，如收入、婚恋、家庭、健康、经历等一系列涉及个人隐私的主题，切勿加以评论。

2）令人反感

令人反感即会涉及别人感到伤感、不快的话题，以及对方不感兴趣的话题。

3）非议别人

非议别人即在交谈中传播闲言碎语，以制造是非、无中生有、造谣生事，或者非议其他不在场的人和事，非议旁人并不能证明自己待人诚恳，反会证明自己缺乏教养，是搬弄是非之人。

4）倾向错误

倾向错误即在交谈中明显有倾向性错误的主题，如违背社会主义价值观和违法违纪的一些言论，必须避免。

3.1.4　交谈中的禁忌

1．忌居高临下

不管你身份多高，背景多硬，资历多深，都应放下架子，平等地与人交谈，切不可给人以高高在上之感。

2．忌自我炫耀

交谈中，不要炫耀自己的长处、成绩，更不要或明或暗、拐弯抹角地吹嘘自己，以免使人反感。

3．忌口若悬河

当对方对你所谈的内容不懂或不感兴趣时，不要不顾及对方的情绪，自己始终口若悬河。

4．忌随意插嘴

要让人把话说完，不要轻易打断别人的话。

5．忌节外生枝

要扣紧话题，不要节外生枝。如当大家正在兴致勃勃地谈论音乐时，你突然把足球赛话题塞进来，显然是不识"火候"，也会扫了大家的兴致。

6．忌搔首弄姿

与人交谈时，姿态要自然得体，手势要恰如其分，切不可指指点点，挤眉弄眼，更不要挖鼻掏耳，给人以轻浮或缺乏教养的印象。

7. 忌心不在焉

当听别人讲话时,思想要集中,不要左顾右盼,或面带倦容、连打呵欠,或神情木然、毫无表情,让人觉得扫兴。

8. 忌挖苦嘲弄

别人在谈话时出现了错误或不妥,不应嘲笑,特别是在人多的场合尤其不可如此,否则会伤害对方的自尊心,也不要对交谈以外的人说长道短。这不仅有损别人,也有害自己,因为谈话者从此会警惕你在背后也会说他的坏话。更不能把别人的生理缺陷当作笑料,无视他人的人格。

9. 忌言不由衷

对不同看法,要坦诚地说出来,不要一味附和。也不要胡乱赞美、恭维别人,否则,让人觉得你不真诚。

10. 忌故弄玄虚

本来是习以为常的事,切莫有意"加工"得神乎其神,语调时惊时惶、时断时续,或卖"关子",玩深沉,让人捉摸不透。如此故弄玄虚,是很让人反感的。

11. 忌冷暖不均

当几个人一起交谈时,切莫按自己的"胃口",更不要按他人的身份区别对待,热衷于与某些人交谈而冷落另一些人。不公平的交谈是不会令人愉快的。

12. 忌短话长谈

切不可"泡"在谈话中,鸡毛蒜皮地"掘"话题,浪费大家的宝贵时光,要适可而止,说完就走,提高谈话的效率。

应用案例

两则关于称呼的小故事

一、这里没有师傅,只有大夫

某高校一位大学生,用手捂着自己的左下腹跑到医务室,对坐诊大夫说:"师傅,快给我看看,我肚子疼。"坐诊的大夫说:"同学,这里只有大夫,没有师傅。找师傅请到学生食堂。"学生听了以后,脸红到了耳根。

二、老太太与"配偶"

有一位人口普查员在填写登记表时问一位没有文化的老太太:"您有配偶吗?"老太太愣了半天没有反应过来,旁边有人解释说:"他是问您有老伴吗?"老太太这才恍然大悟。

资料来源:https://m3qz28.smartapps.cn.

3.2 培养良好语言习惯的方法

3.2.1 大学生常见语言问题

语言表达是人类重要的交际工具,特别是在当今社会,大部分职业资格考试和企事业单位的入门考试都有面试或口试环节,也就是说,大学生的语言表达水平关乎他未来的工作机会和职业发展,更是一个人综合素质的体现。

语言规范性的培养和语言表达能力的提升往往与以下因素有直接的关系。

1. 道德修养

任何口语表达(社交、演讲、辩论、谈判、推销等)中,都包含一定的伦理道德观念并以一定的方式体现出来。从宏观上说,口才艺术的首要目的,就是要通过口语表达,卓有成效地提高人们认识世界和改造世界的能力。因此,口语主体就会是某种观念与思想的表达者和宣传者。

口语水平受限,在很大程度上是对提高自己道德修养的认识不足,没有把语言的训练和个人的道德修养联系在一起,忽略了只有品行端正、道德高尚的人才会受到人们的尊重,他的言论才会在听众中产生积极的影响。否则,便会出现“台上你说,台下说你”或“前面你说,后面说你”的现象,而对你的言论根本不予认可。

2. 知识结构

合理的知识结构是口语主体从事现代社会实践的工具和基础。庄子曰:“水之积也不厚,则其负大舟也无力。”讲的就是只有主体学识越充实、越广泛、越深厚,口语表达才能内容丰富、说理透彻、联想巧妙、得心应手。纵观古今中外一切成功的口语表达,无不闪烁着智慧的光芒,口才家们掌握的知识,就是启迪人们心智的一把钥匙。

口语表达之所以有时候提高慢,大多是内在不足,想说但又说不出来,即便说出来,大多贫乏枯燥,呆板生硬、捉襟见肘,无法与听者会心地交流思想感情。不解决知识水平的提升问题,口语表达的水平就永远无法提高。

3. 能力结构

口语表达应该是能力的一种体现,主要包括认识能力、组织能力、沟通能力、表达能力和创新能力等。只有具备了这些能力,口语主体方可巧妙、娴熟、完美地表达自己的思想感情,收到最佳的口语表达效果。

有时候口语表达问题也在很大程度上表现为能力不足,缺乏远见卓识的认识能力;缺乏对相关材料和信息进行重组的组织能力;缺乏与听者较好的情感共鸣和情感交融的沟通能力;缺乏对语言表达的创造性思维能力等。能力的提高需要实践,能力的提升也绝非一朝一夕,需要在不断的实践中加以应用和总结。

4. 心理素质

心理素质是人的整体素质的组成部分,以自然素质为基础,在后天环境、教育、实践活动因素的影响下逐步发生、发展起来的。心理素质是先天和后天的结合,情绪内核的外在表现。

大学生在口语表达中首先要过的就是自己的心理关,在口语表达时最容易出现的问题就是"怯场",表现为一想到自己要在大庭广众之下讲话,便会出现心率加快,紧张到不知道该说什么,或是本来已经准备好的,却完全没有办法表达出来,大大影响了表达效果,因此加强心理素质的相关训练是大学生提高语言表达能力的重要方法。

3.2.2 语言练习方法

口语表达能力不是一种天赋的才能,它是靠刻苦训练得来的。古今中外,历史上一切口若悬河、能言善辩的演说家无一不是靠刻苦训练获得成功的。我国著名数学家华罗庚,不仅有超群的数学才华,而且是一位不可多得的辩才,他从小就注意口才训练,认真学习普通话,还用背唐诗的方式来锻炼口才。

1. 培养综合素质

人的"品德、学识、能力、胆略"等综合素养影响其语言表达能力。大学生主要通过"学习""实践"两方面提高自己的综合素养。

1)学习

学习广博的知识,哲学、文学、美学、逻辑学、教育学、音乐艺术等科学学科都是口语表达者应当学习的范畴,通过大量的阅读积累,可以丰富我们的知识结构,在与人交流和表达过程中找到适合当下场合的知识加以融会贯通,才能让你说的"话"有深度和有艺术感。

2)实践

《红楼梦》中有副对联:"世事洞明皆学问,人情练达即文章。"古语有"读万卷书,行万里路。"口语表达是一种信息传播和交流的方式,而真正的沟通,关键在于口语主体是否具备一定的社会经验和丰富的生活阅历。因此,大学生在校期间,一定要认真读"生活这本大书",并且把握每一个可以锻炼自己口才的机会,无论是一次简单的自我介绍,还是一次学生工作的求职演讲,或是为了解决一个问题的沟通表达,都可能成为你提高语言能力的一次重要实践。

2. 克服心理障碍

语言能力受限,在很多时候表现为心理问题,不敢、害怕是学习语言道路上的绊脚石,因此需要注意以下两点。

1)有正确的认识

"怯场"其实是一种常见的心理表现,大部分人在公开演讲或在众多的人面前说话时都会怯场。例如,某罗马演说家在第一次演讲时回忆自己"脸色苍白、四肢和心灵都在颤抖"。其实,适度的紧张对说话是有一定帮助的,它可以让我们集中注意力,加强记忆。正确地认识紧张,知道每个人在大庭广众之下说话都有惧怕情绪,只是程度不同这个道理。

2)有充分的自信

自信心对于人的心理有重要的影响,一位心理学家曾做过这样的实验:当一位很胆怯又不自信的女孩,在被人有意地充分肯定、赞扬了一段时间后,其自信心大为增强,言谈举止与从前判若两人。有了自信心,才能在讲话时情绪饱满、意气风发、精力旺盛。因此,大学生应该在口语表达时做好充分的准备,不断地自我鼓励,做到"目中无人,心中有人"。

3．加强口才训练

美国第 16 任总统林肯为了练口才,徒步 30 英里(1 英里＝1609.344 米),到一个法院去听律师们的辩护词,看他们如何辩论、如何做手势,他一边倾听、一边模仿。他听到那些云游八方的传教士挥舞手臂、声震长空的布道,回来后也学他们的样子。他曾对着树、玉米、水果练习口才。这说明,要想练就一副过硬的口才,就必须一丝不苟,刻苦训练。

1)朗读

朗读是学习语言表达时最基本的手段之一,朗读可以练习普通话,可以练习吐字发音,可以练习语言的流畅,还可以带着感情读,以此来锻炼语言的优美性。

2)演讲

演讲是口才训练的重要内容,通过演讲的训练,克服心理障碍,在各种演讲中寻找自信,还能提高语言的组织能力。

3)讲故事

讲故事可以训练人的多种能力,因为故事里既有独白,又有人物对话,还有描述性的语言和叙述性的语言,要把一个故事讲得绘声绘色,很吸引人是不容易的,并不是人人都可以把故事讲好,因此讲故事确实是练口才的一种好方法。

应用案例

周总理的语言智慧

20 世纪 50 年代,有一次,周总理和一位美国记者谈话时,记者看到总理办公室里有一支派克钢笔,便带着几分讽刺,得意地发问:"总理阁下也迷信我国的钢笔吗?"周恩来听了风趣地说:"这是一位朝鲜朋友送给我的。这位朋友对我说:'这是美军在板门店投降签字仪式上用过的,你留下作个纪念吧!'我觉得这支钢笔的来历很有意义,就留下了贵国的这支钢笔。"美国记者的脸一直红到耳根。

又一次,周恩来接见的美国记者不怀好意地问:"总理阁下,你们中国人为什么把人走的路叫作马路?"他听后没有急于用刺人的话反驳,而是妙趣横生地说:"我们走的是马克思主义之路,简称马路。"这个美国记者仍不死心,继续出难题:"总理阁下,在我们美国,人们都是仰着头走路,而你们中国人为什么低头走路,这又怎么解释呢?"周总理笑着说:"这不奇怪,问题很简单嘛,你们美国人走的是下坡路,当然要仰着头走路了,而我们中国人走的是上坡路,当然是低着头走了。"

资料来源:搜狐网.

3.3 倾听礼仪

一个好的交流者必须是一个好的倾听者,"会听"有时候比"能说"更能体现一个人的道德修养和礼仪水平。

美国著名社会活动家戴尔·卡耐基先生一次在纽约参加宴会,他碰到了一位优秀的植物学家。卡耐基先生从未跟植物学家谈过话,于是凝神静听,听这位植物学家介绍外来植物交配新品种的许多实验。至晚宴时,那位植物学家向主人极力赞扬卡耐基先生,说他是"最能鼓舞人"的人,是一个"有趣的谈话高手"。而实际上,卡耐基几乎没说什么话,他只是非常注意听和作了适时的应答而已。可见,倾听,虽然不需要语言,但它同样是在交流中表达敬意不可缺少的一部分。

作为一个有礼仪素养的大学生,应当学会倾听,倾听是一种理解和尊重,也是一种认同和赞美。

1. 倾听的作用

1)了解更多人和事

通过人与人的交流去了解别人是在交际中最直接的途径,是信息传送最有效的方法。

2)增长知识和格局

多听可以让我们从对方的表达中了解他的思想和阅历,听得越多,人可以变得更睿智就是这个道理。

3)改善交流误解

生活和工作中的很多误解其实都是交流不畅造成的,而交流的不畅或误解产生的原因往往都是我们自顾自表达,总想让别人听我们讲道理,而忽略了听别人讲原因,有效的倾听完全可以减少不必要的沟通误会。

4)融洽人际关系

倾听可以增进人们之间的关系,避免不必要的纠纷,把握好倾听技巧可以与他人畅聊,建立良好的人际关系。

2. 倾听的要领

1)注意力集中,态度真诚

"倾听"并不等于"听到",两者有本质的差别,听教师讲课,要集中注意力,开动脑筋,积极思考,有相应的面部表情和眼神会让教师知道你是装样子在听还是用心在听。在与同学沟通时认真倾听,不随便插话,倾听的同时,还要注意观察,做到"察言观色"。

2)要有耐心,并即时回应

与说话人目光交流,适当地点头或做一些手势动作,表示自己在注意倾听。应该不时发出"哦""嗯"等,以引起对方继续谈话的兴趣。还要通过一些简短的提问,暗示对方你确实对他的话感兴趣。这样做还可以启发对方,引出你感兴趣的话题。

3)多听多学,虚心请教

听别人说话其实也是一个学习的过程,在听中学会借鉴别人的好的内容,在听中建立自己的思考,最高明的"听众"是善于向别人请教的人,他们能够用一切机会博采众长,丰富自己,而且在听的过程中给别人留下彬彬有礼的良好印象。

总之,良好的倾听一定是个人礼仪素养的体现,有一名言说得好——善言,能赢得听众;善听,才会赢得朋友。

应用案例

"我还要回来"

美国知名主持人林克莱特一天访问一名小朋友,问他:"你长大后想要当什么呀?"小朋友天真地回答:"嗯……我要当飞机驾驶员!"林克莱特接着问:"如果有一天,你的飞机飞到太平洋上空,所有引擎都熄火了,你会怎么办?"小朋友想了想:"我会先告诉坐在飞机上的人,绑好安全带,然后我挂上我的降落伞跳出去。"当在现场的观众笑得东倒西歪时,林克莱特继续注视着这孩子,想看看他是不是自作聪明的家伙。没想到,接着孩子的两行热泪夺眶而出,林克莱特发觉这个孩子的悲悯之情远非笔墨所能形容。于是林克莱特问他:"为什么要这么做?"小朋友的答案透露出一个孩子真挚的想法:"我要去拿燃料,我还要回来!"

当场众人不得不佩服林克莱特作为主持人懂得倾听的能力和品德。

资料来源:搜狐网.

3.4 主持和演讲礼仪

大学校园里,大学生语言表达的机会是很多的,大家一定要重视和珍惜,而各种活动的主持和各种场合的演讲是大学生最常见的两种语言表达机会,大学生应该主动把握好这些机会,强化自己的语言训练,通过这些主持和演讲的舞台来展现自己的修养和风采。

3.4.1 主持

主持是大学校园里经常出现的一个角色,有舞台主持,例如大学校园的迎新晚会、文艺演出等;也有各种节日的演出主持,如歌咏比赛、知识竞赛等;还有各种活动的主持,如专家讲座、知识论坛等都有主持人这个角色。

在这些活动的现场,主持人是必不可少的组织者和灵魂人物,无论是得体的形象还是优美的声音,都能给人留下美好的印象,而在这个过程中,主持人的礼仪就显得更加重要,主持人的礼仪要注意以下几点。

1. 服饰

服饰是主持人无声的礼仪表达,也是塑造形象的重要手段。主持人应该衣着整洁,大方庄重,精神饱满,切忌不修边幅,邋里邋遢。更重要的是,主持人的服饰一定要根据当天的活动主题和内容来决定款式、色彩和隆重程度,切不可一味追求美和时尚。

2. 语言

不同的活动和演出有不同的语言礼仪要求,在准备过程中一定要知道主持语言的规范和要求,要反复检查和核对主持稿,不要出现言不对稿或在主持中出现一些不文雅的语言。此外,要克服自己的一些习惯性口头用语,主持语言一定是严谨的,符合主题的,有意义的语言表达。主持说话既要热情明快，又要大方得体，热情而不失高雅，文明而不失内涵，既体现水平，又展现气质。

3. 形体

对主持人来说，形体的语言表达是彰显个人魅力的重要所在，肢体语言、手势语言和表情语言都是形体的重要组成部分。主持人要根据活动气氛的需要选择适合的形体姿态，要注意以下几点。

（1）不要左右晃肩，不要左右晃胯。

（2）同行注意调整步伐，尽量同步行走。

（3）保持膝关节和脚尖正对前进的方向，避免双脚成内八字或外八字。

（4）持稿要右手持稿底中部，左手五指并拢自然下垂。

（5）行礼时，开场可 90°鞠躬，过程中 15°鞠躬即可。

（6）切忌出现搔头、揉眼等不雅动作。

（7）表情要自然面带微笑，根据内容适度调整表情。

4. 进退场

进场和退场分别是在主持的最开始和结束时，是体现一场活动组织的完成度和整体性，主持人进场要有礼有节，介绍嘉宾和领导时注意称谓的准确性。退场通常是请领导和嘉宾先退场，主持人再退场。

3.4.2 演讲

大学校园为大学生提供了很多演讲舞台，无论是学校的学生会还是各种社团组织，都很喜欢用演讲的方式进行选拔，通过演讲能了解你的思想和水平，能发现你身上的光彩和魅力。

演讲是"演"和"讲"的结合，它是一种艺术、一种激情，也是一种语言的智慧。演讲是通过发表自己的意见，陈述自己的观点和主张，从而达到影响、说明和感染他人的目的。

在这一活动中，演讲者注重礼仪十分关键，它对于塑造自己美好的形象，赢得听众的青睐，从而增强演讲效果具有重要意义。特别是当代大学生在校园，无论是一次班级的普通演讲还是学校学生会的就职演说，都可能为你带来一次机会和成长。演讲礼仪要注意以下几点。

1. 演讲礼仪六部曲

（1）进入会场。应该面带微笑，用眼神和微笑与听众交流，步履稳健且自信地向安排的座位走去。

（2）介绍之后。主持人介绍之后，演讲者要自然起立，向主持人点头致意，并由衷地表示出感谢之意。

（3）登上讲台。走路时要上身挺直，步伐紧慢有序，自然面对听众站好，端庄大方、举止从容、精神饱满，面露微笑。

（4）演讲开始。在演讲开始时，要先向观众敬礼，以表示对大家的致意，以尊敬、亲切的目光看向听众，再开始当天的演讲。

（5）站姿和目光。演讲者一般要站在舞台中间，站姿要英俊干练，生气勃勃，给人以美感。目光要散到全场，落到每位听众的脸上。

（6）走下讲台。讲完之后，应说"谢谢大家"，接着向听众致意，方可回到原座。

2. 做好开场白

演讲者是听众注目的焦点，上场时务必大方自然，亮相得体，上场后首先环视全场，接下来进行开场白。开场白没有一定的固定模式，可礼节性地介绍一下自己，并向听众致意。开场白可用"提纲式的开场白"，让听众有一个整体的认识，脉络清楚，一气呵成；可用"提问式的开场白"，让听众与你进入一个共同的思维空间进行思考；可用"引起听众好奇式的开场白"，让听众产生一种非听下去不可的兴趣。

3. 运用手势和眼神

演讲中的表演艺术，是在"讲"的基础上起作用的，受"讲"的制约，同时又与"讲"的艺术珠联璧合、有机统一，形成完美的演讲语言艺术。

演讲中的手势，不仅能强调或解释演讲的信息内容，而且能生动地表达演讲语言所无法表达的内容。一般来说，在哪种情况下用哪种手势都应该视情况而定。因此，在手势的运用上必须注意：一要简洁易懂；二要协调自然；三要富有变化；四要适度使用。

演讲的眼神既能表现出热情，也能表达冷酷；既能表现尊重，也能表达愤怒。在整个演讲中，眼神的表情达意有着举足轻重的作用，有经验的演讲者总是恰当巧妙地运用眼神，表达丰富多变的思想感情。眼神的使用可以用直视，也可以环视，还可以根据演讲的具体内容虚视或闭目，总之，眼神是演讲者演讲的一种辅助，要靠演讲者自己去研究和琢磨。

4. 情真意切，心灵相容

情真意切，心灵相容是指演讲者语言真诚，不矫揉造作，在演讲中注意语言与行为礼仪，设法缩短听众的心理距离，从而使听者信任你、欢迎你、敬佩你。

在演讲中要力求使话语形式符合演讲者的精神境界、气质、情操、性格等特征，以及特定处境下的特殊心情。因为这些因素决定了演讲者的语言强力区的所在，每个人只有在自己的语言强力区中进行表达，才可能达到情真意切，心灵相容。

应用案例

世界上著名的演讲

伟大的革命导师列宁说过：语言是人类最重要的交际工具。历史和现实早已证明有时说比写更容易引起人们的共鸣，一次优秀的演讲甚至可以改变一个民族、一个国家甚至世界的历史进程。世界上有很多著名的演讲，下面介绍丘吉尔在第二次世界大战期间的一次名为"将战斗进行到底"的演讲。

"二战"期间，丘吉尔任英国首相，上任后他首先访问了法国，他惊讶地得知法国即将投降,但是他向法国领导人表明,即使法国被打败,英国仍将继续战斗。5月26日,丘吉尔下令撤出在法的英军,代号为"发电机计划"的敦刻尔克大撤退开始,在短短8天中被围困在敦刻尔克周围一小块地区的盟军,奇迹般地撤出33万多人,1940年6月4日,丘吉尔在下院通报了敦刻尔克撤退成功,但是也提醒战争不要靠撤退打赢,随后丘吉尔立即发表了他在"二战"中最鼓舞人心的一段演讲。

演讲中,丘吉尔高度赞扬了英勇作战的士兵,成为鼓舞和安慰英国民众的重要支撑。"这次战役尽管我们失利,但我们绝不投降,绝不屈服,我们将战斗到底,我们将在法国战斗,我们将在海洋上战斗,我们将充满信心在空中战斗,我们将不惜任何代价保卫本土,我们将在海滩上战斗,在敌人登陆地点作战,在田野和街头作战,在山区作战,我们任何时候都不会投降,即使我们这个岛屿或这个岛屿的大部分被敌人占领并陷入饥饿之中,我们有英国舰队武装和保护的海外帝国也将继续战斗。"

资料来源:https://m.201980.com.

应用案例

关于自信,关于演讲

刘媛媛出生在河北省邯郸市的一个贫苦农家,自幼家境贫寒,说起贫寒,你几乎难以想象,她的家里曾一度连门都没有,上初中后她才知道沐浴露是什么东西。一开始我们可能会想象到这样的故事剧本:她自幼因家境贫寒,对于知识与成功的渴求有着"凿壁偷光"的精神境界,而后考入北大,在《超级演说家》舞台上一举成名。"自信"是她身上唯一的奢侈品,而演讲是她让别人认识她和喜爱她的方式。

从寒门到北大,从《超级演说家》冠军,到当上CEO,刘媛媛到底是靠什么逆袭的呢?经历贫穷困苦与被人远远甩在身后之后的后知后觉与大彻大悟,坚定的信念、持久的努力、心无旁骛的认真,得当的学习方法以及超乎常人的学习能力是刘媛媛成功逆袭的制胜法宝。刘媛媛用自己的人生经历给每一名当代大学生上了"人生逆袭"的生动一课。

"寒门贵子"(刘媛媛超级演说家演讲节选)

英国有一部纪录片,叫作《人生七年》,片中访问了12个来自不同阶层的7岁小孩,每七年再去重新访问这些小孩,到了影片的最后就发现,富人的孩子还是富人,穷人的孩子还是穷人,但是里面有一个叫尼克的贫穷的小孩,他到最后通过自己的奋斗变成了一名大学教授,可见命运的手掌里面是有漏网之鱼的。而且,现实生活中,寒门子弟逆袭的例子更是数不胜数。所以,当我们遭受失败的时候,我们不能把所有的原因都归结到出生上,更不能抱怨自己的父母为什么不如别人的父母,因为家境不好,并没有斩断一个人成功的所有可能。

当我在人生中遇到很大的困难的时候,我就会在北京的大街上走一走,看着人来人往,而那时候我就想,刘媛媛,你在这个城市里面真的是一无所依,你有的只是你自己,此外你什么都没有,你现在能做的就是单枪匹马的在这个社会上杀出一条路来。

这段演讲到现在已经是最后一次了,其实在刚刚我问的时候就发现了,我们大部分人都不是出身豪门的,我们都要靠自己,所以你要相信,命运给你一个比别人低的起点,是想告诉你,让你用你的一生去奋斗出一个绝地反击的故事。这个故事关于独立,关于梦想,关于勇气,关于坚忍,它不是一个水到渠成的童话,没有一点人间疾苦,这个事故是有志者事竟成,破釜沉舟,百二秦关终属楚;这个故事是苦心人天不负,卧薪尝胆,三千越甲可吞吴。

资料来源:演讲口才网.

本章小结

(1)语言是人们相互沟通的桥梁,更是一门体现个人礼仪和综合素养的艺术。特别是当代大学生,语言是进入社会的敲门砖和试金石,优美、文雅的语言可以在人际交往中给人留下良好的印象。

(2)本章立足从大学生应该掌握的基本礼貌用语开始,强调语言的实践和运用,并且把在大学校园里最常见的主持礼仪和演讲礼仪作为提高语言表达的重要内容进行了阐述。

(3)本章意在通过对语言礼仪的学习,培养大学生良好礼貌用语的习惯,加强语言修养,从而真正成为一名"言行一致""有品有才"的新时代高素质大学生。

复习思考

一、知识问答

1. 礼貌服务用语有哪些特点?
2. 培养大学生良好语言的习惯有哪些?
3. 倾听的艺术是什么?
4. 交谈中有哪些忌讳的内容?
5. 大学生学习语言礼仪的实用性和意义分别是什么?

二、实践训练

1. 语言表达能力训练。

(1)根据课堂所学理论知识,每位学生准备一份关于语言礼仪的演讲资料。

(2)实训时,学生要着好适合演讲的服装,用语言表达来完成,并接受同学和老师的点评。

2. 用礼貌用语的各种拓展性语言进行语言训练,注意自己的语音和语速,可以用手机或其他设备录下,自己进行纠正和改进。

3. 语言与礼仪之间是什么关系,如何真正地结合起来,并展开小组讨论,最后写出讨论总结。

CHAPTER FOUR

第4章 大学生校园礼仪

教学目标

◆ **思政目标:**

学会在大学校园里用良好的礼仪规范约束自己的言行,用高尚的道德情操展现当代大学生应有的素质和风采。

◆ **知识目标:**

掌握在大学校园里与人交往和在不同场景下的礼仪规范和要求。

◆ **能力目标:**

学会与教师和同学礼貌相处的技能,提高在校园里尊重自己和尊重别人的能力。

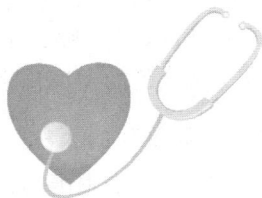

4.1　课堂礼仪

大学是培养高素质人才的地方,是神圣而庄重的知识殿堂,大学校园也是大学生学习、生活、社交的重要场合,在这些不同的场合中,特别容易体现大学生的言行习惯和个人修养,因此,在各种礼仪中,校园礼仪对大学生来说尤为重要。

大学生在课堂中的礼仪

任何一位走向社会的成功人士,都具备较高的礼仪修养,而这种素养在形成的过程中,大学校园发挥了极为重要的作用。作为学生,课堂是我们学习礼仪、展现礼仪最直接和具体的场所。

课堂礼仪实际要学会的是如何尊敬教师,如何利用礼仪规范与教师建立良好的师生关系。

应用案例

毛主席的尊师重教

1959 年 6 月 25 日,毛主席回到阔别 32 年的故乡湖南省湘潭市韶山冲。就餐时特意邀请自己小时候的私塾老师毛禹珠先生一起吃饭,席间毛主席热情地为老师敬酒,毛禹珠忙站起来说:"主席敬酒,岂敢岂敢。"毛主席却笑盈盈地说:"敬老尊贤,应该应该。"这些真挚的话语表达了不忘恩师的深情厚谊。

徐特立也曾是毛主席的老师,有一年他过生日,毛主席在给他的贺信中写道:"你是我 20 年前的先生,你现在仍然是我的先生,你将来必定还是我的先生"。表达了一个学生对自己 20 年前老师的尊敬之情。

张干是毛主席在长沙第一师范读书时的校长,当年因为毛主席带头给他提意见,张干下令处分毛主席,几十年后毛主席得知他没有工作,生活非常艰难时,首先给他寄去了一笔生活费,并建议当地政府根据情况为他安排工作,后来毛主席还派人将张干接到北京见面,安排他参观北京新貌。

资料来源:蔡践.礼仪大全[M].北京:当代世界出版社.2007.

4.1.1　尊重教师的礼仪

大学生的校园生活多姿多彩,因而礼仪修养的载体和形式也极为丰富。课堂是教师教书育人的重要场所,也是大学生表达尊敬师长的地方,养成良好的课堂礼仪习惯,既表达了对教师的尊重,也有利于自己对科学文化知识的学习。

从礼仪规范的角度出发,尊重教师主要体现在以下几个方面。

1. 尊重教师的人格

"尊师重教"是中国的传统美德,我国自古以来就有"一日为师,终身为父"的说法,可见教师在人的一生中起到了至关重要的作用。

尊重教师是重视教育的必然要求,是社会文明进步的重要标志,是尊重劳动、尊重知识、尊重人才、尊重创造的具体体现。

尊重教师的人格在大学校园里具体表现如下。

(1)对教师心怀感激之情,发自内心地尊敬和爱戴。

(2)对教师应该虚心诚实,做到言行有礼。

(3)用良好的个人形象和仪态向教师表达尊重之意。

(4)用规范的礼貌用语在课上和课下与教师交谈讨论。

2. 尊重教师的劳动

教师在课堂上的每一次传道、授业、解惑,都是教师辛勤劳动的过程和成果,因此,在以下几个方面要体现出对教师劳动的尊重。

(1)提前进入教室,耐心等待。

(2)上课认真听讲,不做任何与课堂无关的事。

(3)向教师提问要礼貌起立,回答教师的提问也要起身,礼貌应对,做到有礼有节。

(4)对教师的讲解如有异议,不要争执,可在合适的场合下委婉提出。

(5)在校园的任何地方碰到教师,都应该礼让,要向教师问好。

(6)认真对待教师上的每一节课,布置的每一次作业,提出的每一个问题。

3. 尊重教师的习惯

不同专业和不同科目的教师都有自己不同的授课习惯和作息时间,学生要懂得尊重教师的习惯,不可对教师的上课风格或上课习惯妄加评论,或是在不合时宜的时间和地点提问。应注意以下几点。

(1)在上课时不宜打断教师的正常讲课。

(2)教师在食堂就餐时不宜过多打扰。

(3)教师午休时不宜打电话问问题。

(4)教师在与别的同学谈话时不宜过多插话。

这些小细节看似微不足道,但更能体现一个学生的礼仪修养。

无论是尊重教师的人格还是尊重教师的劳动和习惯,都是学生尊重教师的具体体现,即便大学生未来走出校园,成为国家的栋梁之材,也应该时时不忘师恩,用自己的行动回馈社会和国家,以此表达对教师教育培养的感激之情。

应用案例

"程门立雪"的故事

北宋大学问家杨时是一个非常有礼貌,也很谦虚好学的人。

杨时四十岁那一年,有一次他和好朋友游酢提前约好了一起找程颐,程颐是当时很有名的一位大学问家。杨时和游酢走到程颐家的时候,得知程颐正在睡觉。杨时是一位很懂礼貌的人,他觉得不应该在老师睡觉的时候去打扰,即便是自己很渴望马上学到知识。就这样杨时和游酢安安静静地站在老师的门口,等待老师醒来。

过了一会儿,天空中下起了鹅毛大雪,天气也开始变得很冷。雪越下越大,天越来越冷,但是老师还在睡觉。他们依然很有礼貌,没有打扰老师,而是在大雪中等待。这时候,游酢因为寒冷已经坚持不住了。他有好几次想要把老师叫醒,但是杨时没有让他这么做。

他们在大雪中坚持着,等待老师醒过来给他们讲解问题。当程颐睡醒的时候,发现门外站着两个"雪人"。

后人便用"程门立雪"这个故事赞扬那些求学师门,诚心专致,尊师重道的学子。

资料来源:蔡践.礼仪大全[M].北京:当代世界出版社,2007.

4.1.2 尊重教学环境的礼仪

教学环境在校园里主要是指教室或实验室、实训室这样的教学场地,它们既是教师授课的地方,也是学生学习科学知识,讨论学习的主要场所。尊重教学环境,不仅是尊重学校、遵守公德的表现,也是一个大学生素质的基本体现。

1. 进入教室要守时

"守时"是懂礼仪的一种体现,上课守时是对教师的尊重,也是对课堂的一种尊重。

上课应该提前 10 分钟到达教室,准备好自己的学习用品,整理好书桌,等待教师到来。

如有特殊情况迟到,也应该在门口喊报告,征得教师同意后方可进入教室,进入教室要安静,不妨碍教师和同学正常的上课节奏。课后要及时向教师解释迟到的原因,以征得教师的谅解。

2. 文明进出教室

进出教室要文明礼让,不争抢,不推挤,让教师先行,自己再行。

3. 遵守课堂秩序

在课堂上,不喧闹,认真听课,一是要专心,思想不开小差;二是要思考,积极参与讨论;三是要主动回答问题,并记好笔记。

检查自己的手机是否关闭,或调为静音,学生在课堂上一定要做到手机不响,不接打电话。

对不遵守课堂秩序的同学,要有正义之心,要及时制止,并开导说服。

4. 维护教室卫生

教室是学生学习的地方,教师和学生大部分时间都在教室度过,干净整洁的教室环境,能体现一个班集体的素质和凝聚力。

(1) 不带食物进教室。

(2) 不带有异味的物品进入教室。

(3) 及时清理书桌和桌箱的垃圾。

（4）及时为教师擦黑板，或是提前为教师开好投影仪。

（5）主动维护好教室的环境卫生，营造良好的学习氛围。

良好的教室环境可以提高学生学习的效率，也能让教师上课时心情愉悦，从而达到良好的教学效果。而且，教室环境的维护还能体现一个人的公德意识和品德修养，卫生能体现一个人的习惯，"一屋不扫何以扫天下"，也正是这个道理。

课堂礼仪是大学生礼仪的一个缩影，具有良好的课堂习惯，懂得尊重教师、尊重课堂的人，往往都有良好的品德修养。

4.2　宿舍礼仪

大学生在宿舍中的礼仪

在大学校园里，除了教室，大学生待得最多的地方应该就是宿舍了。宿舍是大学生生活的主要场所，它既有私密性，又是一个相对公共的地方，正因为这个特点，大学校园的很多人际交往的问题和矛盾也会更多地在宿舍环境中暴露出来。

因此，如何把礼仪的知识运用到宿舍生活中，懂得与人以礼相待，以礼服人，以至于更好地和同学们相处，这是一门大学问。正所谓"小细节，大智慧"，讲的正是像宿舍礼仪这样看似很小却能体现人的礼仪修养水平的礼仪内容，而这也正是我们进入社会前学习人际交往礼仪的一门必修课。

宿舍礼仪实际要学会的是如何尊重同学，如何用礼仪规范与室友建立良好的同学关系。

4.2.1　同学间的礼仪

在宿舍生活和学习，最重要的是如何与宿舍同学友好相处。

一个宿舍就像一个大家庭，大学生来自不同的城市，性格各异，兴趣习惯不同，但只要我们都遵守一定的礼仪规范，都能随时注意自己的言行，都能成为一个有教养的人，那么，宿舍就会成为我们共同成长的家。

和宿舍同学相处，应该注意"五要""五不要"。

1. 宿舍礼仪"五要"

1）要先人后己，礼让三分

在宿舍用水或卫生间等，都要学会礼让，只有你懂得礼让，在你需要别人的帮助时，才能得到别人的付出。

2）要遵守承诺，言行有礼

"那本书我借你""下次我们一起吃饭"，这些脱口而出的话都是你和同学之间小小的约定，遵守你的许诺，会让室友感到"啊，他还记得""原来不是一句客套"，给室友留下真诚、守信的好印象。

3）要尊重隐私，关心他人

宿舍既私密，又公开，因此在宿舍很容易接触别人的私密空间，尊重别人的隐私是一个人基本的道德要求,对别人的私生活不过问、不好奇,即便无意发现,也不向外声张。

发现室友有难处,要及时给予帮助,要学会关心别人,真诚对待同学。

4)要爱惜财物,节约资源

宿舍有很多公用物品,要懂得爱惜公共财物,节约公共资源。要随手关灯,节约用水,不浪费粮食,不损坏集体宿舍的各种设备,如无意中损坏了公物,要主动承认并自觉赔偿。

5)要遵守作息时间,重视公共安全

在宿舍,虽然每个人的生活习惯不太一样,但在集体生活中,就必须遵守一定的共同作息规律,这样才不至于打扰别人。起床入寝、自修用膳、熄灯等都应该按学校规定的作息时间进行。

重视公共安全是指不要随便去其他宿舍串门,也不随意把他人带到学校和宿舍,用电、用火一定要按学校要求,注意安全。

2. 宿舍礼仪"五不要"

1)不要随意动他人物品

在宿舍的公共场合里,其中最不受喜欢的一个行为就是不经同意使用别人的物品,这既是不尊重别人隐私的表现,也不符合人与人之间相处的基本原则。若确实有需要,一定要在借用前获得对方的同意。

2)不要做"伸手党"

"帮我倒杯水""帮我关下门",这些不经思索的求助语一旦成为习惯,就不会给同学留下好感了。如果迫不得已需要室友帮助,也要主动道谢,不强人所难。

3)不要在背后议论是非

"尊重"是人际交往的核心思想,不在宿舍随便评论室友或是别的同学是尊重别人的重要体现。即便别人有让你觉得难以理解的地方,也要学会尊重别人的不同。

4)不要把别人对你的好认为理所应当

人与人之间的相处,贵在相互理解,相互关心,彼此真诚付出,有来有往。别人对你的好要心怀感恩,要懂得回报,不把别人对你的好认为理所应当,这是自私的表现。

5)不要夸夸其谈,自以为是

在与人交往中,要谦虚恭敬,不妄自菲薄,要知道,越优秀、越强大的人,越觉得自己不够好,因而越谦逊,多学习别人的长处,才能让自己更好。夸夸其谈会让别人瞧不起,会给别人自以为是的感觉。

4.2.2 环境卫生礼仪

对住校的大学生来说,宿舍是主要生活环境之一,宿舍面貌在一定程度上也能体现和反映出大学生的文化修养和思想修养,干净整洁的宿舍环境有利于大学生身心健康。

(1)要保持宿舍整洁,定期擦鞋、地板、桌子、橱柜和门窗,定期打扫寝室。

(2)被褥要折叠得整齐美观,衣服鞋帽要整齐地放置在合适的地方。

(3)换下的衣服鞋袜要及时清洗和晒干,未洗之前不可乱扔,要放置在隐蔽的地方。

(4)毛巾要挂整齐,脸盆等其他洗漱用具应有规律地摆放在一定的地方。

（5）重要书籍、本子或手机等用品，不能乱扔乱放，要安全可靠地放在自己的书桌内。

（6）点心、食品和碗筷等，不仅要摆放整齐，还要注意密封遮蔽或加罩，以确保卫生，已变质的食物，要及时处理。

（7）寝室内的公共物品，用后要及时放回原位，不随意乱放，开门关窗动作要轻，并注意随手关灯。

（8）宿舍内不应该乱写乱画，乱倒水，要保持干净。

另外，宿舍礼仪还应该注意，当有教师和来宾检查或参观时，要起身问好，有问必答，走时应有欢送语，如"老师辛苦了""您慢走"等。

大学生群体往往都比较年轻，大多是第一次离开父母外出求学，甚至有一些同学很有可能是第一次过集体生活，因此，没有太多生活经验，也不太懂得如何为别人付出、为别人着想，一些小事上极容易在同学间造成矛盾。

学会用规范的礼仪知识与同学相处，掌握交往中的分寸感，要知道在人际交往中"有所为，有所不为"的道理，而更重要的是，要真诚对待别人，要在别人有困难的时候挺身而出，只有这样，我们才会融洽地与同学相处，营造一个温暖和谐的宿舍环境。

应用案例

"范式守信"的故事

范式字巨卿，山阳金张人。年轻时在太学求学，与汝南张劭（字元伯）是好朋友。两人一起学习，后来都请假离开太学返乡，范式对张劭说："二年后回到太学读书，（我）将到你家拜见你的父母，见一见你的幼子。"于是两人约好了日期。

当约好的日期快到的时候，张劭把这件事告诉他母亲，请母亲准备酒菜招待范式。母亲问："两年前分手时，千里之外约定的话，你就那么确定他会来拜访吗？"张劭回答："范式是一个讲信用的人，他一定不会违约的。"母亲说，"如果真的是这样，那我就为你酿酒。"到了约好的那日，范式果然来到。大家登上大厅一起饮酒，最后开心地分别了。

范式的一诺千金一直被后人誉为交友的典范，而范式和张劭后人也有"鸡黍之交"之称。

资料来源：https://vhsagj.smartapps.baidu.com.

4.3 公共场合礼仪

公共礼仪具体是指人们置身于公共场合时所应遵守的行为规范，是人们在交际场合所应具备的基本素养。

公共场合又称公共场所，是指可供全体社会成员进行各种活动的、公用共享的公共活动空间，如街头巷尾，楼梯、走廊、公园、车站、码头、机场、商场、卫生间等公共场合，它最显著的特点是功用性和共享性，它为全体社会成员服务，是全体社会成员进行社会活动的处所。

人是社会的人,对在校大学生来讲,除课堂、宿舍之外,大家还必不可少地置身于公共场合,参与社会生活,如校园、食堂、图书馆或是校外的其他公共场所,在这种情况下与他人共处,彼此礼让、包容、理解、互助是做人的根本要求。

公共礼仪的基本内容就是大学生在公共场所与他人共处时和睦相处,礼让包容的有关行为规范。

公共礼仪的基本原则如下。

首先,尊重为先。

公共礼仪是建立在对自己、对别人尊重的前提下。在公共场所尊重自己就是要注意自己的礼容仪表,言行一致,只有自己先懂得尊重自己,别人才会尊重你。

尊重别人就是在公共场合要以礼为先,学会礼让三分,这是一个人修养的体现。

大学生在公共场合的礼仪原则和注意事项

其次,勿碍他人。

与私人交际有所不同,人们置身于公共场合时,或为过客或为休闲或为生活需求,并不一定非要与他人打交道不可,人们在公共场所面对的往往是一些自始至终不会与自己发生正面接触的人。

勿碍他人的原则,就是在公共场合面对他人时的行为的具体要求,它的基本含义是在公共场合,每个人都应当有意识地检点、约束、调整自己的个人行为,并要尽一切可能自觉地注意自己的言行不要妨碍到其他人。

最后,遵守公德。

公共礼仪属于社会公德,并且有更为具体的形式和要求。所谓遵守公德,就是要求大学生在公共场合一定要具有维护社会公德的意识,并要自觉自愿地履行社会公德,若不讲究社会公德,遵守公共礼仪就无从谈起。

4.3.1 校园生活礼仪

大学生从小学到中学再到大学,已经有十年以上校园生活的经历和经验,但置身于校园这样的公共场所,却不一定每一个大学生都了解基本的礼仪规范。

大学生在校园不同场合的礼仪

大学校园生活丰富多彩,活动场所也是各种各样,如何让自己在公共场合做到有礼有节,是每一个大学生在进入社会之前的一堂必修课。

大学生在大学校园里主要学习以下几个公共场合的礼仪。

1. 教师办公室

办公室是教师工作和休息的场所,一般来说,一间办公室里往往有几位甚至十几位教师同时办公,如果学生随便进出,势必会对教师的工作有所打扰,这显然是不礼貌的。因此学生在进入教师办公室前,必须敲门或喊报告,要事先征得教师同意后方可进入。

而且,有一些时间段是不适合去教师办公室的,如中午休息的时间等。另外,要特别注意的是,教师有些东西在一定程度上是保密的,所以进入办公室后不可乱翻,例如未启用的试卷,对学生进行思想教育的摘记,不公开的学生成绩等,若被乱翻而造成泄密,会造成不

良的后果。还有就是学生在教师办公室不宜逗留过久。

即便是教师让学生到办公室咨询问题或是教师找学生谈话，也要遵循以下礼仪。

（1）进出教师办公室，要先向教师问好，如果办公室还有别的教师在，无论认不认识，也应问好，并表示"打扰了"。

（2）如果问题问完，要向教师表明对所问的问题已经理解并向教师道谢，若是坐着谈的，因起立把凳子放回原处，而后向教师微微鞠躬，说一声再见，然后离去。

（3）若教师起立目送学生，学生应请教师坐下，若教师一定要送学生出办公室，学生应请教师留步。切记不可结束谈话后就自顾自地跑出办公室。

（4）若是教师找学生谈心谈话已结束，学生要向教师表示明白了、理解了或想通了，然后在得到教师的同意后，方可有礼貌地离开。

（5）若教师所讲的问题，学生尚不理解或还有不同看法或问题，或是才讲到一半，上课的预备铃已经响了，在这种情况下，学生应与教师约定继续谈话的时间，然后礼貌地离去。

2. 学校图书馆

大学校园的图书馆是教师和学生学习的重要公共场所，也是学习和交流知识、获取信息的场所。因此，大学生在获取知识的同时，也应遵守图书馆的规章制度。上图书馆学习应衣着整洁，进图书馆前应自觉关手机，不能穿背心、拖鞋进入图书馆，要自觉遵守图书馆的规章制度，爱护图书馆的设施，保持环境安静和清洁卫生，严禁吸烟。

大学生在图书馆学习要讲文明，懂礼貌，不要抢占座位，不为自己或他人划地盘。图书馆是公共学习场所，有空位人皆可坐，但当想坐在别人旁边的空位时，应有礼貌地询问其旁边是否有人。

在图书馆借还图书、进行微机检索、课题查询、复印，或在语音室听录音，在影像室看录像等，要按顺序排队。

在图书馆，特别是在阅览室，走路要轻，最好不要穿钉铁跟的皮鞋。入座和起座要轻，翻书也要轻。与同学交谈时，应轻声细语，若需长时间讨论，应到室外进行。

具体要求如下。

（1）到图书馆看书，要保持安静和整洁卫生。进门入座时动作要轻，走动时脚步要轻，不要高声谈话，不要吃有声响或带有果壳的食物，以免影响他人。

（2）图书馆的书刊资料属于公共财产，阅览时应注意爱护。查阅目录卡片时，不可把卡片翻乱或撕坏，或用笔在卡片上涂抹画线。不要在图书上随意圈点、涂抹、折面，或是把自己需要的资料图片撕挖下来。图书馆一般都备有复印、照相等业务，若需要可与工作人员联系。

（3）碰到熟人可点头致意，如要交谈，应离开阅览室找一个不影响他人的地方，不可在室内谈笑。

（4）不要为他人抢占座位，不要在座位上躺卧，也不要在阅览室内吸烟。

（5）对图书馆、阅览室的图书、桌椅板凳应注意爱护，不要随意刻画、破坏。

3. 搭乘交通工具

现在很多大学校园里都有交通工具，在网上一项针对大学校园不文明现象的调查中，

"在交通工具上占座"成为很多大学生讨厌的一种不文明行为,可见越是在公共场所,越能让别人了解你和认识你。

校园里的交通工具往往都有统一管理,有固定的线路和站点,供广大师生乘坐。在学校乘坐公共交通工具要注意维护上下车时的公共秩序,以求得大家方便,只有大家方便,才能真正地实现个人方便。搭乘公共交通工具时,必须重视以下几点。

1)上车依次排队

排队候车时,应站在站台上,不要涌入道路,妨碍交通,同时还要注意队列不要排得过度拥挤。上车时要礼让他人,对教师或是对行动不便的同学要加以帮助,若车上人太多,自己上不去了,应等下一辆。

2)下车提前准备

在目的地的前一站就要向车门靠近,做下车的准备,如需要请求别人让路,要礼貌地说一声,例如"借光""劳驾"或"请您让一下"。

3)物品安放到位

不要在车上吃喝,若食物在上车前未吃喝完,应进行必要的处理,在车上吃喝东西,尤其是汤汤水水多的东西,会弄脏车子和他人的衣物。自己所携带的随身之物也不应有碍于人或是有碍于环境。

4. 上下楼梯与进出电梯

1)上下楼梯

上楼时,女士在前,男士在后,长者在前,幼者在后,以此表示尊重。

下楼时,男士在前,女士在后,幼者在前,长者在后,这是为安全考虑;上下楼梯时,要注意姿势和速度,与前、后人之间保持一定距离。

在上下楼梯时,均应单行行走,如果楼梯较宽,并排行走时最多不要超过两人。

注意要靠右侧行走,左侧是留给有急事的人通行的(图 4-1)。

图 4-1　上下楼梯

如引导尊长、客人上下楼梯时,出于安全需要,上楼时应走在尊长、客人的后边。

2)进出电梯

电梯门口处,如果有很多人在等候,要学会礼让,可以让同时在等待的教师先往前站,而且应该先让电梯内的人出来,之后自己再进去,千万不要争先恐后。

靠电梯最近的人先上电梯,然后应该为后面进来的人按住"开门"按钮,当出去的时候,靠电梯门最近的人先走。

男士、晚辈或下属应该站在电梯开关处提供服务,并让女士、长辈或访客先行进入电梯,自己再随后进入。

进入电梯后,正面应朝电梯口,以免造成面对面的尴尬;在前面的人应站到边上,如有必要,应先出去,以便让别人出去。

5. 行路与排队

1)行路

在校园内要遵守行路规则,步行要走人行道,不走非机动车道和机动车道。过马路要走人行横道。

同学之间要互相礼让,在人群特别拥挤的地方,要有秩序地通过,万一不小心撞了别人或踩着别人的脚,要主动道歉。

走路遇到熟人,应主动打招呼或问候,不能视而不见,如果在路上碰到久别重逢的朋友,想多交谈一会儿,应靠边站立,以免妨碍交通,增加不安全因素。

走路要目光直视,不要左顾右盼,东张西望。

走路的姿势是个人精神风貌的体现,因此要时时留意自己的走路姿势。

走路时不要边走边吃东西,既不卫生,又不雅观。

行路时应与他人保持适当距离,过于接近他人(伸手可及或抬腿可及),易造成他人紧张和不自在,产生误会。通常情况下,保持 3 米开外较为合适(图 4-2)。

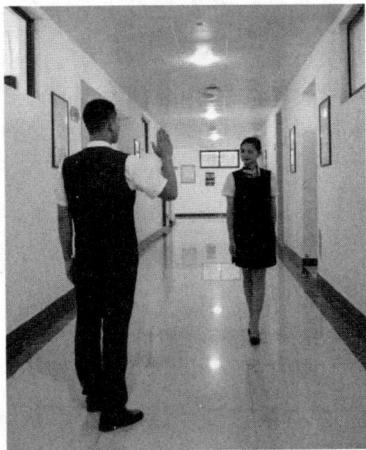

图 4-2　行路

2)排队

养成排队的习惯,需要排队的时候要保持耐心,自觉地排队等候,不要起哄拥挤、插队或破坏排队,排队自觉与否,虽是区区小事,但却能反映出人格的一个侧面。

要遵守排队的顺序,排队的基本顺序是先来后到,依次而行,排队时一定要遵守并维护这一秩序,不仅要自己做到不插队,而且要做到不让自己的熟人插队。

要保持适当的间隔,在排队时大家均应缓步而行,人与人之间最好保持 0.5～1 米的间隔,不能一个人紧挨另一个人,否则会让人不舒服,甚至影响他人所办的事情。例如在排队打公共电话,在银行存钱,在自动提款机上取钱时,后面的人如果与前面的人贴得过紧,就有可能使前面的人感到很不舒服或是心存戒备。

6. 就餐礼仪

(1)在食堂就餐时保持安静,文明就餐,不得大声喧哗、打闹或敲打碗筷,不得随便离开座位,随意奔跑走动,注意安全,防止相互碰撞或烫伤。

(2)就餐时既要细嚼慢咽,有助消化,又要专心,不能东张西望拖延时间,也不要含饭说话,以免发生意外。

(3)珍惜粮食,不挑食,不厌食。添饭时能吃多少就加多少,不要浪费。

(4)保持食堂卫生,不准随地吐痰、乱扔杂物,不准将零食带到餐厅里吃,不准将饭菜掉在桌上或是泼洒到地上,不准随意倒剩饭剩菜。

(5)爱护食堂公物,不准在墙上、餐桌上乱刻乱写,不准损坏食堂的餐具和设施,不得随意挪动桌子及其他设施。

(6)尊重工作人员的劳动,适时对他们为大家的服务表示感谢,如果对餐厅有意见,须通过教师向其提出,禁止与食堂工作人员发生争执。

4.3.2　集会礼仪

集会是在大学校园里经常举行的活动类型。从入校的军事训练一直到毕业的各种典礼活动,都是集会的不同形式。集会一般在操场或礼堂举行,由于参加者人数众多,又是正规场合,因此要格外注意集会中的礼仪,总体要求如下。

(1)集会时要按时入场,不迟到。开会应提前 5 分钟入场,按指定位置入座。

(2)服从大会统一指挥,遵从大会统一要求,集会期间不能无故提前离开,不告而退,也不要随便来回走动。

(3)进入会场要脱帽,坐姿端正,不能跷二郎腿,更不能勾肩搭背。

(4)聚精会神听报告或看各种演出。不随便议论、讲话、大声喧哗、打闹,保持会场肃静。

(5)集会过程中,不喝倒彩、鼓倒掌、吹口哨、嬉笑、起哄,不在下面睡觉、看报纸杂志等与会议无关的事情,做文明观众。

(6)保持会场卫生,不吃东西,不乱扔瓜果皮核,不吸烟,不随地吐痰、吐口香糖。

(7)集会结束后,应以热烈的掌声表示感谢和赞美;退场时不乱拥乱挤,应让领导、教师、客人先走,然后男生让女生先行,互相谦让。

(8)爱护公共设施,不用脚蹬座椅,在前后移换座位时,要沿中间过道绕行,不能跨越座椅。

1. 升国旗仪式

国旗是一个国家的象征,升降国旗是对青少年爱国主义教育的一种方式。无论中小学还是大学,都要定期举行升国旗的仪式。

（1）升旗时，全体同学应列队整齐排列，面向国旗，肃立致敬。

（2）当升国旗、奏国歌时，要立正、脱帽、行注目礼，直至升旗结束。

（3）升旗是一种严肃、庄重的活动，一定要保持安静，切忌自由活动、嘻嘻哈哈或东张西望。

（4）神态要庄严，当五星红旗冉冉升起时，所有在场的人都应抬头注视。

2．会议礼仪

（1）集合时，要提前到达，列队快、静、齐，准时进入会场，并在指定位置坐好。

（2）听报告要聚精会神，保持肃静，不乱议论，不乱走动。

（3）不在会场吃零食，不乱扔果皮纸屑。

（4）报告或演出结束时，要鼓掌致谢，精彩之处适度鼓掌，不喝倒彩，不吹口哨，不大声喧哗。

（5）学生上台发言要向主席台领导和场内同学鞠躬行礼，发言结束后道谢。

（6）会议、演出进行中不得私自离场，确实有特殊情况需要离开会场，先取得教师的同意才能离开。

（7）演出结束后，等演员上台谢幕后，再有秩序地退场。

3．电影录像

（1）按时到场，安静入座。

（2）影片放映过程中，保持安静，不随意走动，不吃带壳食物，不乱扔杂物。

（3）不大声喧哗，不吹口哨，不打响指，不高声评论影片内容。

（4）退场有序，不拥挤。

4．参赛礼仪

（1）入场有序，不随意走动。

（2）对他人的表演，鼓掌以示谢意，不起哄、喝倒彩，自觉维持赛场秩序。

（3）语言文明，不攻击其他比赛选手、班级。

（4）服从评委裁决，若对学生评委的能力有异议，可在比赛前提出。

4.3.3　遵守公共道德礼仪

无论是校园的生活礼仪还是集会礼仪，其实都离不开大学生的个人修养和品德意识，都是一个人良好道德修养的体现。从道德的角度来看，道德仁义非礼不诚，礼仪可以被界定成为人处世的行为规范，或曰标准做法、行为规则。因此在 2001 年 9 月 20 日，中共中央发布的《公民道德建设实施纲要》中，将"明礼"列为中国公民的基本道德规范之一。

而公德意识的培养离不开家庭、学校、社会三方的合力，道德意识的提高更不是一朝一夕，需要大学生坚持不懈地培养较高的文化素养和优良的品德。

1．公德的概念

首先来认识什么是公德心。

公德心是指人们在社会公共生活中,为维护社会公共生活的正常秩序所必须遵守的起码的公共生活规则。社会公德是道德体系中的一个组成部分。

谈到社会公德,首先必须了解什么是道德。简要地说,道德是调整人们之间以及个人与社会之间关系的行为规范或行为准则。它是依靠人们的内心信念和社会舆论来加以维持的,是一种特殊的意识形态。

公德心是共产主义道德规范体系中的重要组成部分。社会主义公德是在批判地吸收了历史上一切优秀的道德传统,在社会主义公有制的经济基础上产生的。

社会主义公德和其他道德规范一样,在公共生活中调节人与人、人与集体之间的关系。社会主义公德的特点,是以集体主义,为人民服务为原则基础的,最能体现劳动人民利益的公共生活中的道德标准。

大学生的公德心是要以共产主义道德规范和社会主义公德为指导,是在大学校园和任何社交场合表现出来的"律己敬人"的一种自我修养和道德情操,这也是新时代和未来中国国民素质整体提高的必然要求,当代大学生必须做在前面,走在前面。

2. 公德礼仪的要求

1) 从身边的实践做起

大学生在社会中会有很多的诱惑和负面影响,必须抱有坚定且包容的心去实践和维护社会公德。

例如,帮助弱者本是中华民族的传统美德,正所谓"路见不平拔刀相助"。可是今天很多时候我们不敢、不想或者不能做这样的事情,我们害怕被"碰瓷",没做成好事,反而给自己添麻烦。而这个时候,就要求我们坚定公德信念,勇敢地去做、去实践,只有这样,社会公德才会从大学生开始,在这个社会上一步一步生根发芽。

2) 从小事做起

"勿以善小而不为,勿以恶小而为之",人的习惯是在潜移默化下形成的,好的行为如果一直坚持,就成了习惯,同样,坏的行为也是这样。例如扔垃圾,大家应该深有体会,从小的事情做起,培养良好的习惯,爱护环境,不随地乱扔垃圾,勤俭节约,久而久之,就成了社会公德最简单的体现。

3. 公德礼仪的具体体现

从道德的范畴来讲,公德意识,其实就是要求大学生提高品德修养,学习中国传统美德的思想,从自己做起,从小事做起。具体表现如下。

1) 爱国爱民

"天下兴亡,匹夫有责",这是明清之际爱国学者顾炎武的名言。当代大学生道德修养的首要体现就是热爱自己的祖国和人民。

爱国主义在不同的历史时期会有不同的理解和实践,每个时代都有自己的爱国爱民的志士和民族英雄。只要我们光大和发扬这一优秀的民族传统,团结一致,众志成城,就会使国家更加强盛,立于世界民族之林,绽放出更加夺目的光彩。

应用案例

虎 门 销 烟

林则徐是清朝后期一位著名的民族英雄。他任湖广总督期间,由于清政府腐败,英国强盗把一种叫鸦片的毒品,源源不断地偷运进中国,毒害中国百姓。林则徐面对这一切,十分焦急。他多次向皇帝上书,陈述鸦片的危害,道光皇帝接受了林则徐的建议,任命林则徐为钦差大臣,负责禁烟。

1839 年 3 月,林则徐来到广州,禁烟运动迅速展开。6 月 3 日,人们把缴获的鸦片全部投进硝烟池。顷刻间,鸦片全部销毁。林则徐为国家和民族做了一件大好事。

虎门销烟的壮举,给英国侵略者以沉重的打击,揭开了中国人民反帝斗争的第一页。

资料来源:https://vhsagj.smartapps.baidu.com.

2)谦虚礼貌

中国素称"礼仪之邦"。"礼"作为一种具体的行为,是指人们在待人接物时的文明举止,也就是所说的礼貌。而礼貌的本质是表示对别人的尊重和友善,这种心理需求,是超越时代的,是永存的。

然而,一个人如果只懂得礼貌的形式,却没有谦让之心,那么,他不会真正懂得礼貌。谦让也是谦虚、平等的表现,是礼貌的重要内涵。谦虚礼貌包含着我们的祖先对自然文化的骄傲和自豪,也是一种敬畏之心的表现,是中国人的修养特征之一。

应用案例

孔子的"谦虚"

春秋时期,孔子和他的学生们周游列国,宣传他们的政治主张。一天,他们驾车去晋国。一个孩子在路中间堆碎石瓦片玩,挡住了他们的去路。孔子说:"你不该在路中间玩,挡住我们的车!"孩子指着地上说:"老人家,您看这是什么?"孔子一看,是用碎石瓦片摆的一座城。孩子又说:"您说,应该是城给车让路还是车给城让路呢?"孔子被问住了。孔子觉得这孩子很有意思,便问:"你叫什么?几岁啦?"孩子说:"我叫项橐,7 岁!"孔子对学生们说:"项橐 7 岁懂礼,他可以做我的老师啊!"

资料来源:https://sa93g4.smartapps.baidu.com.

3)刻苦学习

"书山有路勤为径,学海无涯苦作舟"。中华民族自强不息的精神,在勤奋读书方面表现得格外突出。不论是善于治国的政治家,还是胸怀韬略的军事家;不论是思维敏捷的思想家,还是智慧超群的科学家,他们之所以在事业上取得不同凡响的成就,都与从小的远大抱负分不开。

俗话说:"有志者立长志,无志者常立志",立志,贵在少年。稍微浏览历史,一个个勤奋学习的动人故事就会争相映入眼帘。匡衡幼年凿壁引光苦读,终以说《诗》而扬名;茅以升少年立志,远涉重洋,经历千难万险,终于成为"桥梁之父"……

历史在发展,社会在前进。今天的大学生有着比前人更优越的学习条件,在继承和发扬勤学立志的同时,更要不断地激励自己,为建设繁荣富强的中国,更加勤奋地学习。

应用案例

铁杵磨成针

唐朝大诗人李白,小时候不喜欢读书。一天,李白趁老师不在屋,悄悄溜出去玩儿。他来到山下小河边,见一位老婆婆在石头上磨一根铁杵。李白很纳闷,上前问:"老婆婆,您磨铁杵做什么?"老婆婆说:"我在磨针。"李白吃惊地问:"哎呀! 铁杵这么粗大,怎么能磨成针呢?"老婆婆笑呵呵地说:"只要天天磨铁杵总能越磨越细,还怕磨不成针吗?"

聪明的李白听后,想到自己,心中惭愧,转身跑回了书屋。从此,他牢记"只要功夫深,铁杵磨成针"的道理,发奋读书。

资料来源:https://uf9kyh.smartapps.baidu.com.

4) 尊老爱幼

中国有句古语:"百善孝为先。"意思是说,孝敬父母是各种美德中占第一位的。一个人如果都不知道孝敬父母,就很难想象他会热爱祖国和人民。

古人说:"老吾老,以及人之老;幼吾幼,以及人之幼。"我们不仅要孝敬自己的父母,还应该尊敬别的老人,爱护年幼的孩子,在全社会造成尊老爱幼的淳厚民风,这是新时代大学生的责任。

应用案例

子 路 借 米

子路,春秋末鲁国人。在孔子的弟子中以善攻政事著称,尤其以勇敢闻名。但子路小的时候家里很穷,长年靠吃粗粮野菜度日。有一次,年迈的父母想吃米饭,可是家里一点米也没有,怎么办? 子路想到要是翻过几道山到亲戚家借点米,不就可以满足父母的这点要求了吗? 于是,小小的子路翻山越岭走了十几里路,从亲戚家背回了一小袋米,看到父母吃上了香喷喷的米饭,子路忘记了疲劳。邻居们都夸子路是一个勇敢孝顺的好孩子。

资料来源:http://www.360doc6.net.

5) 勇于担当

习近平总书记在纪念"五四"运动 100 周年大会上号召,"新时代中国青年要珍惜这个时代、担负时代使命,在担当中历练,在尽责中成长",并对青年担当尽责、成长成才提出了六点期望和要求。

对照习近平总书记的期望和要求,当代大学生要切实承担起推进新时代中国特色社会主义事业的使命,努力成长为新时代德智体美劳全面发展的社会主义建设者和接班人。要志存高远,努力成为新时代具有远大理想和责任担当的爱国者。

应用案例

最美逆行者

2020年的春节注定不平凡,注定让人难以遗忘,突如其来的新型冠状病毒肺炎疫情牵动着每一个中国人的心。肺炎的重灾区是武汉,多少人想逃离这个新冠疫情重灾之地,而有这么一群人却放弃休假时间,放弃与亲人团聚的时刻。83岁的钟南山先生,本来可以避开病毒的危险,安度晚年,但是他在人民最需要他的时候,站了出来,就跟17年前SARS病毒暴发的时候一样。

重症隔离病房的护士平均年龄只有25岁,最小的刚满20岁,即使因长时间穿戴防护服出了一身汗,闷到不行,累到低血糖,也要坚持为患者治疗,即使他们明白自己可能会被传染,也要用尽自己全力为患者治疗,因为他们知道他们是病毒与人民群众之间的最后一道防线。

他们都是最有"担当"的最美逆行者!

资料来源:搜狐网.

本章小结

(1)大学校园是一个培养高素质人才的地方,是大学生学习和生活的重要场合,也是大学生进入大社会前的一个小社会,进入大世界前的一个小世界。这里有人与人之间的交流,有必须遵守的守则和规范,是"有所为,有所不为"的礼仪思想集中体现的地方,也是展现大学生礼仪修养和风采的场所。

(2)本章立足大学生应该掌握的校园礼仪规范,以我们最熟悉的教室、宿舍、图书馆、食堂、办公室等为重要场景,让大学生了解与学校、与教学、与老师、与同学相处的方法,教会大家正确的校园礼仪规范,从而让大家知道在什么样的地方可以怎么做,不可以怎么做,怎样才能成为一个让教师和同学都喜欢的人。

(3)本章意在通过对校园礼仪的学习,培养大学生良好的学习和生活习惯,从细小的行为出发,去改变思想,从道德层面去领悟我们的一言一行,提高道德修养和情操。

复习思考

一、知识问答

1. 尊重教师主要体现在哪几个方面?
2. 在宿舍和同学相处,要注意哪些言行?
3. 如何理解公共礼仪中的"勿碍他人",请举例说明。

4. 在学校图书馆学习时,应该注意哪些礼仪要求?

5. 参加学校各种集会时,应该注意哪些礼仪要求?

6. 大学生的公德心是指什么?

7. 大学生的公德礼仪有什么要求?

8. 如何理解当代大学生"勇于担当"的精神,请举例说明。

二、实践训练

1. 能力训练。

(1)以个人为单位,分别展示以下情景。

① 进出教师办公室。

② 上课迟到进教室。

③ 向老师提问。

(2)要求以规范的礼仪标准展现在以上情景中正确的做法,大家讨论。

2. 情景展示。

(1)以小组为单位,以宿舍为背景,以表演的方式模拟同学之间相处过程中的小故事。

(2)要求以礼仪作为展示内容核心。

(3)用文字总结每一个小故事里蕴藏的道理。

3. 以"我用文明为校园添风采"为主题,想想如何通过自己良好的形象和规范的言行,为生活和学习的校园增添风采,形成建议稿或倡导书。

CHAPTER FIVE

第 5 章　大学生社交礼仪

教学目标

◆　**思政目标：**

　　通过学习相关社交礼仪、礼节体现自己"律己敬人"的礼仪修养,增强自身的人格魅力,展现当代大学生自信、自强的文明形象。

◆　**知识目标：**

　　了解社会交往中见面、接待、通联、馈赠、餐饮等的礼仪规范和标准,了解各种社交场合应遵循的礼仪原则,熟知人际沟通礼仪知识。

◆　**能力目标：**

　　掌握不同场合社交礼仪的运用方法和技巧。

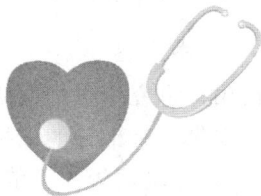

5.1 社交礼仪概述

古希腊先贤亚里士多德在谈及人的基本特征时曾经说过,任何人在社会生活中都难以离开与其他人的交往。一个人如果不同其他人进行任何交往,那么他不是一位神,就是一只兽,换言之他就不会是一名正常人。古代先哲的这句名言阐述了一条人所共知的真理:一个人在社会生活里如遇生存、发展,那么不论他是否愿意,都必须以各种形式与其他人进行交往。因为没有交往,就难以合作,没有合作,就难以生存、发展。

学习、运用礼仪的目的之一,就是增进自身的交际能力,能更好地与他人进行合作。

从交际的角度来看,礼仪是人际交往中的一种通行规则,也是一种用以处理人际关系的交际方式。

5.1.1 社交礼仪的原则

在社交场合,大学生如何运用社交礼仪,如何发挥礼仪应有的效应,如何创造最佳人际关系状态,如何让社交礼仪帮助我们取得更多的成功,这同遵守社交礼仪原则密切相关。

社交礼仪的基本
职能和原则

1. 真诚尊重

在与别人相处时,“真诚尊重”是礼仪的首要原则。只有真诚待人,才是尊重他人;只有真诚尊重,方能创造和谐愉快的人际关系,真诚和尊重是相辅相成的。真诚是对人对事的一种实事求是的态度,是待人真心实意的友善表现。

2. 平等适度

在社交场合,礼仪行为总是表现为双方的,你给对方施礼,对方自然也会相应地还礼于你,这种礼仪施行必须讲究平等的原则,平等是人与人之间交往时建立情感的基础,是保持良好关系的诀窍。平等在交往中,应表现为处处时时平等谦虚待人,唯有这样,才能结交更多的朋友。

3. 自信自律

自信的原则是社交场合中一个心理健康的原则,唯有对自己充满信心,才能在交往中如鱼得水,得心应手。自信是社交场合中一份很可贵的心理素质。

一个有充分自信心的人,才能在交往中不卑不亢、落落大方,遇到强者不自惭,遇到艰难不气馁,遇到侮辱敢于挺身反击,遇到弱者会伸出援助之手。

自律是指对自己的一种要求,是指大学生在社会交往中不能随心所欲,必须遵守一定的社会交往规范和约束。

4. 信用宽容

信用即讲究信誉的原则。守信是中华民族的传统美德。在社交场合,尤其讲究守时和守约。如果没有十分的把握,就不要轻易许诺他人,许诺了却做不到,反而落了个不守信的恶名,从此会永远失信于他人。

宽容的原则即与人为善的原则。在社交场合,宽容是一种较高的境界。宽容是人类的一种伟大思想,在人际交往中,宽容的思想是创造和谐人际关系的法宝。站在对方的立场去考虑一切,是你争取朋友的最好方法。

5. 灵活从俗

灵活是指在人际交往中,要因人、因地、因时地运用礼仪规范,不要墨守成规,要根据一些变化,特别是突发情况,灵活地调整方法,只要遵循大的原则,不违背人与人、人与社会交往的基本准则就可以。

由于国情、民族、文化背景的不同,必须坚持入乡随俗,与绝大多数人的习惯做法保持一致,切勿目中无人、自以为是。

从俗就是指交往各方都应尊重相互之间的风俗、习惯,了解并尊重各自的禁忌,如果不注意禁忌,就会在交际中引起障碍和麻烦。

5.1.2　社交礼仪的职能

对当代大学生来讲,掌握规范的社会交往礼仪方法,并能在不同的场合灵活运用,是进入社会前的一门必修课程,不仅可以帮助我们顺利进入社会参与各种社交活动,还能提升个人形象和个人魅力,为未来的发展助力。

1. 塑造形象

《易经》有言:"君子以非礼弗履"。因此,学习社交礼仪,运用社交礼仪,无疑有益于人们更好、更规范地设计个人形象,维护个人形象,更好、更充分地展示个人良好的教养与优雅的风度,礼仪的这种美化自身的功能,任何人都难以否定。

当个人以良好的形象展现于社交场合,大家都以礼待人时,人际关系将更加和睦,生活将更加温馨,祖国将更加美丽。在国际交往中也将有助于中国人更加言行一致地"发出中国好声音,讲出中国好故事",这也是礼仪所能发挥的重要作用。

2. 沟通信息

在日常的生活和工作中,个人的信息来源是很有限的,特别是在校大学生,我们获取信息的一个重要渠道就是通过社会交往,在社会交往中获取知识、增加信息量、了解社会、开阔眼界,这是社交礼仪对于当代大学生很重要的一个职能。

因此,大家要积极地参与各种形式的社会交往,要在社会交往中主动表达自己,多向别人学习和请教,这也是一种实践性的学习,是提升自己综合素质的一个重要渠道。

3. 增进友谊

古人云:"世事洞明皆学问,人情练达即文章。"这句话讲的其实是交际的重要性。一个人只要同其他人打交道,就不能不讲究社交礼仪。运用社交礼仪,除可以使个人在交际活动中充满自信、胸有成竹、处变不惊之外,其最大的好处就是能够帮助人们规范彼此的交际活动,更好地向交往对象表达自己的尊重、敬佩、友好和善意,增加大家彼此的了解和信任。假如人皆如此,时时、处处、事事如此,长此以往,必将促进社会交往的进一步发展,帮助人们更好地取得交际成功,进而造就和谐、完美的人际关系,取得事业的成功。

5.1.3　社交礼仪禁忌

1. 社交礼仪的"六忌"

1）忌强硬社交

这种社交方式是最让人难以接受的，自以为"我是天下第一"，以老大自居、唯我独尊，和人交往态度冷漠傲慢。

2）忌盈利社交

把"利"字作为目的的社交是令人反感的。只有和与你交往的所有人都真诚相待，以同样的激情、热情、诚意与之交往，才会在不经意的时候，"投之以桃，报之以李"。

3）忌一次性社交

为了达到自己的目的，有求必应，达到目的后就无视对方的要求了，或者一次社交目的达到后，就不再和对方联系了，认为"以后反正也不用他了"。这种短期行为，势必给人以"势利""功利主义"的感觉，使自己的朋友越来越少。

4）忌高层社交

认为"擒贼先擒王"是条社会交往的捷径，总是寻找对方的最高领导来做"尚方宝剑"，逼迫对方就范。这样做是不可能得到对方心悦诚服的长久帮助的。

5）忌江湖社交

把社交信誉押在江湖义气上，以感情取代原则和理性，结果往往让别有心机的人钻了空子，使自己蒙受损失。

6）忌媚求社交

社会交往，并不能通过获得别人的同情而获得交情，任何一个上进的人、有身份的人，都不会和可怜虫、溜须拍马的人平等交往。

2. 社交礼仪的"十不要"

具体来说，大学生在社交礼仪中除要注意一些原则性的禁忌之外，还应该注意细节。俗话说"细节决定成败"，讲的就是往往一个细枝末节的地方，却恰恰让人看到了你的社交礼仪修养。

（1）不要到忙于事业的人家去串门，即便有事必须去，也应在办完事情后及早告退；也不要失约或做不速之客。

（2）不要为办事才给人送礼。礼品与关系亲疏应成正比，但无论如何，礼品应讲究实惠，切不可送人"等外""处理"之类的东西。

（3）不要故意引人注目，喧宾夺主，也不要畏畏缩缩，自卑自贱。

（4）不要对别人的事过分好奇，再三打听，刨根问底，更不要去触犯别人的忌讳。

（5）不要拨弄是非，传播流言蜚语。

（6）不能要求旁人都合自己的脾气，因为你的脾气也并不合于每一个人，应学会宽容。

（7）不要服饰不整，肮脏，身上有难闻的气味。反之，服饰过于华丽、轻佻也会惹得旁人不快。

（8）不要毫不掩饰地咳嗽、打嗝、吐痰等，也不要当众修饰自己的容貌。

（9）不要长幼无序，礼节应有度。

（10）不要不辞而别，离开时，应向主人告辞，表示谢意。

综上所述，人际交往是有着一定之规可循的，这种一定之规指的就是交往礼仪规范，对于交往礼仪，我们要积极参与学习并且及时总结经验，吸取教训。要学习基本的交往礼仪，并且在实践中正确地加以运用，重视以上两点，并将其付诸行动，在人际交往中，不但可以举重若轻、应付自如，而且将从中大大获益，感受到交往成功所带来的欢乐。

应用案例

"自己快乐，别人也快乐"

一位 16 岁的少年去拜访一位年长的智者，少年问："我怎样才能变成一个自己愉快，也能给别人带来快乐的人呢？"

智者笑着说："孩子，在你这个年龄能有这样的愿望，已经很难得了。我送你四句话吧，第一句是，把自己当成别人。"

少年说："是不是说，在我感到痛苦忧伤的时候，就把自己当成别人，这样痛苦自然就减轻了；当我欣喜若狂之时，把自己当成别人，那样狂喜也会变得平和一些。"智者微微点头。

智者接着说："第二句话，把别人当成自己。"

少年沉思了一会儿，说："这样就可以真正同情别人的不幸，理解别人的需要，并给予适当的帮助。"智者两眼放光。

智者继续说："第三句话，把别人当成别人。"

少年默默地思索着，回答："这句话是不是说，要充分尊重每个人的独立性，在任何情形下，都不能侵犯他人的核心领地？"

智者哈哈大笑："很好很好，孺子可教！"

智者说："第四句话，把自己当成自己。这句话理解起来太难，你留着以后慢慢品味吧！"

少年说："也好，不过我怎样才能把这四句话统一起来呢？"

智者答："很简单，用一生的时间来体验。"

资料来源：http://www.360doc13.net.

5.2 见 面 礼 仪

见面礼仪是指日常社交礼仪中最常用与最基础的礼仪。人与人之间的交往都是从见面开始的，都要用到见面礼仪。有时短暂的见面却能给对方留下良好的第一印象，为接下来的交往打下重要的基础。可见，见面礼仪在社交礼仪中既是礼仪的开始，也是极其重要的一环。

5.2.1 称呼

称谓礼

见面礼仪是从人与人之间的打招呼开始的,在人际交往中,我们遇到的第一个关于礼仪的问题往往就是不知道该如何称呼对方,或者说什么称呼可能更合适当下的场合。

称呼是指人们在日常交际应酬中所采用的彼此之间的称谓语,在人际交往中,选择正确适当的称呼反映了自身的教养,以及对对方的尊重,甚至体现了双方关系的发展程度和社会风尚,因此不能随便乱用。

1. 称呼的原则

1)合乎常规

合理使用约定俗成的称呼,如父亲的父亲称作"祖父"等,也有些时候采用并不一定非常标准的称呼,如儿媳对公公、婆婆,女婿对岳父、岳母皆可以"爸爸""妈妈"相称,这样做主要是意在表示自己与对方完全不见外。

2)照顾习惯

使用称呼,还要照顾被称呼者的个人习惯,随着时代的变迁,人与人之间的称呼也悄悄地跟着发生了变化,现在如果谁还在不恰当的时候把女孩叫作小姐,把女士叫作大姐,很有可能招来白眼。

3)入乡随俗

各国各民族语言不同,风俗习惯各异,社会制度不一,在使用称呼时,一定要注意尊重对方的民风、民俗,与时俱进。

随着时代的发展和观念的改变,一些称号的范围和含义也发生着变化,一定要根据以上原则,因人、因地、因时、因事而异,决不能一成不变,照搬照用。

2. 称呼的分类

1)姓名称谓

姓名即一个人的姓氏和名字。姓名称谓是使用比较普遍的一种称呼形式。用法大致有如下几种情况。

全姓名称谓:即直呼其姓和名。如"李大伟""刘建华"等。全姓名称谓有一种庄严感、严肃感,一般用于学校、部队或其他郑重场合。一般来说,在人们的日常交往中,指名道姓地称呼对方是不礼貌的,甚至是粗鲁的。

名字称谓:即省去姓氏,只呼其名字,如"大伟""建华"等,这样称呼显得既礼貌又亲切,运用场合比较广泛。

姓氏加修饰称谓:即在姓之前加一修饰字。如"老李""小刘""大陈"等,这种称呼亲切、真挚。一般用于在一起工作、劳动和生活中相互比较熟悉的同志之间。

古人除姓名之外,还有字和号,这种情况直到中华人民共和国成立前还很普遍。这是相沿已久的一种古风。古时男子 20 岁取字,女子 15 岁取字,表示已经成人。平辈之间用字称呼,显得既尊重又文雅,为了尊敬不甚相熟的对方,一般宜以号相称。

2）亲属称谓

亲属称谓是对有亲缘关系的人的称呼,中国古人在亲属称谓上尤为讲究,主要有以下几种。

对亲属的长辈、平辈决不称呼姓名、字号,而按与自己的关系称呼,如祖父、父亲、母亲、胞兄、胞妹等。

有姻缘关系的,前面加"姻"字,如姻伯、姻兄、姻妹等。

称别人的亲属时,加"令"或"尊",如尊翁、令堂、令郎、令爱(令媛)、令侄等。

对别人称自己的亲属时,前面加"家",如家父、家母、家叔、家兄、家妹等。

对别人称自己的平辈、晚辈亲属,前面加"敝""舍"或"小",如敝兄、敝弟,或舍弟、舍侄,小儿、小婿等。

对自己亲属谦称,可加"愚"字,如愚伯、愚岳、愚兄、愚甥、愚侄等。

随着社会的进步,人与人之间的关系发生了很大变化,原有的亲属、家庭观念也发生了很大的改变。在亲属称谓上只是书面语言偶然用到。

现在在日常生活中使用亲属称谓时,一般都是称自己与亲属的关系,十分简洁明了,如爸爸、妈妈、哥哥、弟弟、姐姐、妹妹等。有姻缘关系的,在当面称呼时,也有了改变,如岳父——爸,岳母——妈,姻兄——哥,姻妹——妹等。

称别人的亲属和对别人称自己的亲属时也不那么讲究了,例如,您爹、您妈、我哥、我弟等。但是在书面语言上,文化修养高的人,还是比较注意形式的,不少仍沿袭传统的称谓方法,显得高雅、礼貌。

3）职务称谓

职务称谓就是用所担任的职务作称呼。这种称谓方式古已有之,目的是不称呼其姓名、字号,以表尊敬、爱戴。例如,对杜甫,因他当过工部员外郎而被称"杜工部",诸葛亮因是蜀国丞相而被称"诸葛丞相"等。现在人们用职务称谓的现象已相当普遍,目的也是表示对对方的尊敬和礼貌。主要有如下几种形式。

用职务称呼:如"李局长""张科长""刘经理""赵院长""李书记"等。

用专业技术职务称呼:如"李教授""张工程师""刘医师"。对工程师、总工程师还可称"张工""刘总"等。

职业尊称:即用其从事的职业工作当作称谓,如"李老师""赵大夫""刘会计",不少行业可以用"师傅"相称。

行业称呼:直接以被称呼者的职业作为称呼,例如老师、教练、医生、会计、警官等。

4）性别称谓

一般约定俗成地按性别的不同分别称呼为"小姐""女士""先生"。其中,"小姐""女士"两者的区别在于:未婚者称"小姐",不明确婚否者,则可称"女士"。

3. 称呼的禁忌

1）使用错误的称呼

主要在于粗心大意,用心不专。常见的错误称呼有两种。

一是误读,误读也就是念错姓名。如"仇(qiú)""查(zhā)""盖(gě)"等。为了避免这种情况的发生,对于不认识的字,事先要有所准备,如果是临时遇到,就要虚心请教。

二是误会,主要指对被称呼者的年纪、辈分、婚否以及与其他人的关系做出了错误判断。例如,将未婚妇女称为"夫人",就属于误会。相对年轻的女性,都可以称为"小姐",这样对方也乐意听。

2)使用过时的称呼

有些称呼,具有一定的时效性,一旦时过境迁,若再采用,难免贻笑大方。在我国古代,对官员称为"老爷""大人"。若将它们全盘照搬进现代生活中,就会显得滑稽可笑,不伦不类。

3)使用不通行的称呼

有些称呼具有一定的地域性,例如,北京人爱称人为"师傅",山东人爱称人为"伙计",中国人把配偶、孩子经常称为"爱人""小鬼"。但是,在南方人听来,"师傅"等于"出家人","伙计"肯定是"打工仔",而外国人则将"爱人"理解为进行"婚外恋"的"第三者",将"小鬼"理解为"鬼怪""精灵",可见这是"南辕北辙",误会太大了。

4)使用庸俗低级的称呼

在人际交往中,有些称呼在正式场合切勿使用,"哥们儿""姐们儿""磁器""死党""铁哥们儿"等称呼,就显得庸俗低级,档次不高。它们听起来令人肉麻不堪,而且带有明显的黑社会人员的风格。逢人便称"老板",也显得不伦不类。

5)用绰号作为称呼

对于关系一般者,切勿自作主张给对方起绰号,更不能随意以道听途说来的对方的绰号去称呼对方,还要注意,不要随便拿别人的姓名乱开玩笑。如拐子、秃子、罗锅、四眼、傻大个、麻秆儿等更不能说出,要尊重一个人,必须首先学会尊重他的姓名。每一个正常人都极为看重本人的姓名,因此,在人际交往中,一定要牢记。

应用案例

外 交 称 谓

在英国、美国、加拿大、澳大利亚、新西兰等讲英语的国家里,人们的姓名一般由两个部分构成:通常名字在前,姓氏在后。例如,在"理查德·尼克松"这一姓名之中,"理查德"是名字,"尼克松"才是姓氏。

在英美诸国,女子结婚前一般都有自己的姓名。但在结婚之后,通常姓名由本名与夫姓所组成。例如,"玛格丽特·撒切尔"这一姓名中,"玛格丽特"为其本名,"撒切尔"则为其夫姓。

有些英美人士的姓名前会冠以"小"字,例如,"小乔治·威廉斯"。这个"小"字,与其年龄无关,而是表明他沿用了父名或父辈之名。

跟英美人士交往,一般应称其姓氏,并加上"先生""小姐""女士"或"夫人"。例如,"华盛顿先生""富兰克林夫人"。在十分正式的场合,则应称呼其姓名全称,并加上"先生""小姐""女士"或"夫人"。例如,"约翰·威尔逊先生""玛丽·怀特小姐"。

对于关系密切的人士,往往可直接称呼其名,不称其姓,而且可以不论辈分,如"乔治""约翰""玛丽"等。在家人与亲友之间,还可以称呼爱称。例如,"维利""比尔"等。但与人初次交往时，却不可这样称呼。

资料来源：金正昆.社交礼仪教程[M].北京：中国人民大学出版社，2009.

5.2.2 介绍

介绍礼

当代大学生在日常生活和学习中，需要与其他人进行必要的沟通，以寻求理解、帮助和支持。介绍就是人际交往中与他人进行沟通、增进了解、建立联系的一种最基本、最常规的方式。它是经过自己主动沟通或通过第三者从中沟通，从而使交往双方相互认识，建立联系的一种社交方法。也可以说，介绍是人与人之间相互沟通，彼此结识的出发点。

在社交场合，如能正确地使用介绍，不仅可以扩大自己的交际圈，广交朋友，而且有助于进行必要的自我展示、自我推广，并且帮助自己在人际交往中消除误会，减少麻烦。

介绍可以分为自我介绍、他人介绍、集体介绍三种基本类型。

1. 自我介绍

自我介绍对大学生来说是一种既常见又重要的介绍方式，把自己介绍给其他人，以使对方认识自己。自我介绍，简言之，就是在必要的社会场合，由自己担任介绍的主角，自己将自己介绍给其他人，以使对方认识自己。

自我介绍的基本程序是：先向对方点头致意，得到回应后，再向对方介绍自己的姓名、身份，或相关信息。

自我介绍总的原则是简明扼要，一般以半分钟为宜，情况特殊也不宜超过 3 分钟。

通常需要做自我介绍的情况有以下几种。

（1）社交场合中，遇到你希望结识的人，又找不到适当的人介绍。这时自我介绍应谦逊、简明，把对对方的敬慕之情真诚地表达出来。

（2）电话约某人，而又从未与这个人见过面。这时要向对方介绍自己的基本情况，还要简略谈一下要约见对方的事由。

（3）演讲、发言前，面对听众做自我介绍，最好既简明扼要，又要有特色，利用"首因效应"，给听众一个良好的第一印象。

（4）求职应聘或参加竞选时，更需要自我介绍，而且自我介绍的形式可能不止一种。既要有书面介绍材料（个人简历），还要有口头的，或详或简，或严肃庄重，或风趣、幽默、诙谐等。这会直接影响求职或竞选者能否成功。

掌握自我介绍的语言艺术，应注意如下几方面的问题。

（1）镇定而充满自信、清晰地报出自己的姓名，并善于使用体态语言，表达自己的友善、关怀、诚意和愿望，这是体现自信的表示。如果自我介绍模糊不清，含糊其词，流露出羞怯自卑的心理，会使人感到你不能把握自己，因而也会影响彼此之间的进一步沟通。

（2）根据不同的交往需要，注意介绍的繁简。自我介绍一般包括姓名、籍贯、职业、职务、工作单位或住址、毕业学校、经历、特长或兴趣等。自我介绍时，应根据实际需要来决定介绍的繁简，不一定把上述内容逐一说出。在长者或尊者面前，语气应谦恭；在平辈和同事面前，语气应明快，直截了当。

（3）自我评价要掌握分寸。自我评价一般不宜用"很""第一"等表示极端赞颂的词，也不必有意贬低，关键在于掌握分寸。自我介绍时，表情要自然、亲切，注视对方，举止庄重、大方，态度镇定而充满信心，表现出渴望认识对方的热情。

2. 他人介绍

他人介绍，即第三者介绍，它是经第三者为彼此不相识的双方引见介绍的一种介绍方式。在一般情况下，为他人介绍都是双向的，即第三者对被介绍的双方都作一番介绍。有些情况下，也可只将被介绍者中的一方向另一方介绍。但前提是前者已知道、了解后者的身份，而后者不了解前者。

为他人做介绍时，应遵循以下基本礼仪原则。

（1）在向他人做介绍时，首先了解对方是否有结识的愿望。最好不要向一位有身份的人介绍他不愿意认识的人。

（2）注意介绍次序。应该先把年轻者、身份地位低者介绍给年长者、身份高者；先把年轻的、职务相当的男士介绍给女士；先把年龄低、未婚者介绍给已婚者；先把客人介绍给主人，把晚到者介绍给早到者；如果是业务介绍，必须先提到组织名称、个人职衔等。集体介绍可以按照座位次序或职务次序进行。为他人介绍遵守"先向尊者介绍"或是"尊者享有优先知情权"的原则。

（3）介绍人作介绍时，应该多使用敬辞。在较正式场合，介绍词也较郑重，一般以"×××，请允许我向您介绍……"的方式。在不十分正式的场合可随便些，可用"让我介绍一下"或"我来介绍一下"，"这位是……"的句式。介绍时语气清晰地说出得体的称谓，有时还可用些定语或形容词、赞美词介绍对方。

（4）为他人介绍时应注意手势和表情。被介绍时，眼睛正视对方。除年长或位尊者外，被介绍双方最好站起来点头致意或握手致意，同时应说声"您好，认识您很高兴"或"真荣幸能认识您"等得体的礼貌语言（图 5-1 和图 5-2）。

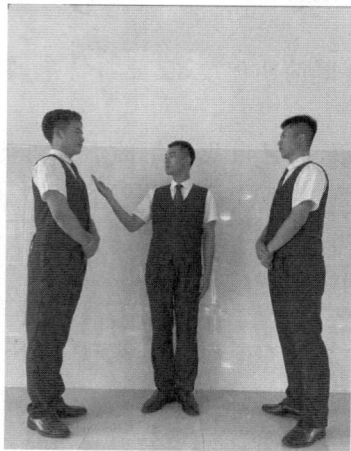

图 5-1　他人介绍 1

图 5-2　他人介绍 2

3. 集体介绍

集体介绍是他人介绍的一种特殊形式,它是指在双方和多方人员共同参与活动时,为使参与人员之间相互认识进行的介绍。由此可见,集体介绍大体可分为两种:其一为一人和多人做介绍;其二是为多人和多人做介绍。

集体介绍的内容,基本上与他人介绍的内容无异,但要求更认真、更准确、更清晰,以下两点应尤为注意。

一是不要使用易歧义的简称。具体进行集体介绍时,不要滥用那些容易产生歧义的简称,例如,不要简称"人大""消协",而应该明确究竟是"中国人民大学""消费者协会",还是"市人大常委会""消防协会"。又如,将范局长简称"范局",就会因此听上去好似"饭局"而引人大笑。至少在首次介绍时,要使用准确的全称,然后再采用简称。

二是不要开玩笑捉弄人。进行介绍时,务必庄重、亲切,切勿随意拿被介绍者开玩笑或是成心出对方的洋相。例如,在介绍时说"这位是大名鼎鼎的王兴先生,大家看王先生肥不肥?",这种介绍就是很不文明的。

应用案例

自我介绍的具体形式

1)应酬式

应酬式的自我介绍,适用于某些公共场合和一般性的社交场合,如旅行途中、宴会厅里、舞场之上、通电话时。它的对象,主要是进行一般接触的交往对象。应酬式的自我介绍内容最为简洁,往往只包括姓名一项即可。例如:

"您好!我的名字叫张路"。

"我是陈小清"。

2)工作式

工作式的自我介绍,主要适用于工作之中。它是以工作作为自我介绍的中心;因工作而交际,因工作而交友。有时,它也叫公务式的自我介绍。工作式的自我介绍的内容,应当包括本人姓名、供职的单位及其部门、担负的职务或从事的具体工作等三项。例如:

"你好!我叫张鹏羽,是大连市政府外办的交际处处长。"

"我名叫付冬梅,在北京大学国际政治系教外交学。"

3)交流式

交流式的自我介绍,主要适用于社交活动中,它是一种刻意寻求与交往对象进一步交流与沟通,希望对方认识自己、了解自己、与自己建立联系的自我介绍。有时它也叫社交式自我介绍或沟通式自我介绍。例如:

"我叫邢冬松,在北京吉普有限公司工作。我是清华大学汽车工程系90级的,我想咱们是校友,对吗?"

"我的名字叫沙静,在天马公司当财务总监,我和您先生是高中同学。"

"我叫甄鹂鸣,天津人。我刚才听见你在唱蒋大为的歌,他是我们天津人,我特喜欢听他唱的歌,您也喜欢吗?"

4) 礼仪式

礼仪式的自我介绍,适用于讲座、报告、演出、庆典、仪式等一些正规而隆重的场合。它是一种意在表示对交往对象友好、敬意的自我介绍。

礼仪式的自我介绍的内容,也包含姓名、单位、职务等项,但是还应多加入一些适宜的谦辞、敬语,以示自己礼待交往对象。例如:

"各位来宾,大家好! 我叫范燕飞,是云海公司的副总经理。现在,由我代表本公司热烈欢迎大家光临我们的开业仪式,谢谢大家的支持。"

5) 问答式

问答式的自我介绍,一般适用于应试、应聘和公务交往。在普通性交际应酬场合,它也时有所见。例如:

甲:"这位小姐,你好,不知道你应该怎么称呼?"乙答:"先生你好! 我是王雪时。"

主考官:"请介绍一下你的基本情况。"应聘者答:"各位好! 我是张军,现年 28 岁,陕西西安人,汉族,共产党员,已婚,1995 年毕业于西安交通大学船舶工程系,获工学学士学位。现任北京首钢船务公司助理工程师,已工作 3 年。其间,曾去阿根廷工作 1 年。本人除精通专业外,还掌握英语、日语,懂计算机,会驾驶汽车和船只。曾在国内正式刊物上发表过 6 篇论文,并拥有一项技术专利。"

资料来源:金正昆.社交礼仪教程[M].北京:中国人民大学出版社,2009.

5.2.3 握手

对于握手礼仪,大学生首先应该知道的是它并不是一种必需的礼节,只是当今在世界上最通用的一种较正式的礼节而已。现代握手礼通常是先打招呼,然后相互握手,同时寒暄致意。握手礼流行于许多国家,是在交往时最常见的一种见面、离别、祝贺或致谢的礼节。

握手礼

1. 握手的顺序

一般遵循"位尊者先伸手"的原则。

主人、长辈、上司、女士主动伸出手,客人、晚辈、下属、男士再相迎握手;长辈与晚辈之间,长辈伸手后,晚辈才能伸手相握;上下级之间,上级伸手后,下级才能接握;主人与客人之间,主人宜主动伸手;男女之间,女方伸出手后,男方才能伸手相握;如果男性年长,是女性的父辈年龄,在一般的社交场合中仍以女性先伸手为主,除非男性已是祖辈年龄,或女性未成年在 20 岁以下,则男性先伸手是适宜的。但无论什么人,如果他忽略了握手礼的先后次序而已经伸了手,对方都应不迟疑地回握(图 5-3 和图 5-4)。

握手顺序的两种特殊情况如下。

(1) 宾客之间握手。当客人抵达时,不论对方是男士还是女士,主人都应该主动先伸出手;当客人告辞时,则应由客人先伸出手。

图 5-3　握手的顺序

图 5-4　握手的姿态

（2）一对多握手。一般遵循位尊者先伸手的原则，也可以按顺时针方向依次握手。

2．握手的方法

（1）一定要用右手握手。

（2）握手的力度要合适，时间一般以 1～3 秒为宜。当然，过紧地握手，或是只用手指部位漫不经心地接触对方的手都是不礼貌的。

（3）被介绍之后，最好不要立即主动伸手。年轻者、职务低者被介绍给年长者、职务高者时，应根据年长者、职务高者的反应行事，即当年长者、职务高者用点头致意代替握手时，年轻者、职务低者也应随之点头致意。和女性握手，一般男士不要先伸手。

（4）握手时，年轻者对年长者、职务低者对职务高者都应稍稍欠身相握。有时为表示特别尊敬，可用双手迎握。男士与女士握手时，握手的力度和相握的时间都要适度。男士握手时应脱帽，切忌戴手套握手。

（5）握手时双目应注视对方，微笑致意或问好，多人同时握手时应按顺序进行，切忌交叉握手。

（6）在任何情况下，拒绝对方主动要求握手的举动都是无礼的，但手上有水或不干净时，应谢绝握手，同时必须解释并致歉。

3．握手的禁忌

（1）不要用左手相握，尤其是和阿拉伯人、印度人打交道时要牢记，因为在他们看来，左手是不洁的。

（2）不要在握手时戴着手套或墨镜，只有女士在社交场合戴着薄纱手套握手，才是被允许的。

（3）不要在握手时，将另外一只手插在衣袋里或拿着东西。

（4）不要在握手时面无表情、不置一词或长篇大论、点头哈腰，过分客套。

（5）不要在握手时仅握住对方的手指尖，好像有意与对方保持距离。正确的做法是要握住整个手掌。即使对异性,也要这么做。

(6)不要在握手时把对方的手拉过来、推过去,或者上下左右抖个没完。

(7)不要拒绝和别人握手,即使有手疾或汗湿、弄脏了,也要和对方说一声"对不起,我的手现在不方便",以免造成不必要的误会。

(8)不要在握完手之后,当着别人的面擦手。

握手礼在一般的社交场合虽不是必须,但在重要的政治和商务场合,它依然是国际通行的重要礼节,大学生学习握手礼仪对于今后进入社会有着重要意义。

应用案例

历史上的握手

1972年2月21日,尼克松总统乘坐的"空军一号"专机飞抵北京,新中国成立后,美国国旗首次在北京上空飘扬。周恩来总理为尼克松在首都机场南机坪举行了欢迎仪式。当飞机舱门打开后,尼克松和夫人先行走下舷梯,在离地面还有三四级台阶时,尼克松就身体前倾,向周总理伸出手说:"我非常高兴来到中华人民共和国的首都——北京"。周总理一语双关地回答说:"你的手伸过了世界上最辽阔的海洋,我们25年没有交往了!"冀朝铸介绍说,尼克松单独下机和周恩来的握手场面,是尼克松刻意安排的,意味深长。既向世界宣示对抗了20余年的中美两国,改善和发展相互关系的决心,也是为了纠正1954年在日内瓦和谈会议上,美国国务卿杜勒斯拒绝与周恩来握手的错误。

资料来源:https://6viyij.smartapps.baidu.

5.2.4 其他见面礼仪

除在国际上最通用的握手礼之外,其实还有很多见面礼仪可以用,要根据不同的场合使用不同的见面礼仪。

1. 点头微笑礼

点头微笑礼其实是我们在日常生活中用得最多的礼节,也是最亲切的一种见面礼,适用于多种场合。微笑着点头,以对人表示礼貌,如在路上行走或在公共场合与熟人相遇,可行"微笑点头礼",友好地点点头即可,忘记对方姓名或只觉得对方面熟时,也可微笑点头致意,这是对人的基本礼貌。

2. 拱手礼

拱手礼又称作揖、抱拳礼,是中国人传统的见面礼仪。《论语·微子》中曾记载"子路拱而立",这里的子路对孔子所行的就是拱手礼。拱手礼常见于华人之间的社交场合或重大节日场合等。适用于平辈之间,如同事、朋友等,不可向父母长辈行拱手礼。按照传统礼仪,给长辈行礼,如拜年,应该用鞠躬或跪拜礼。同时,长辈可以对晚辈回拱手礼作答。

3. 招手礼

招手礼是人们在迎送、路遇时常见的一种礼节。平辈或地位相同的熟人来家做客,迎送时可招手致意。一般熟人相遇时稍作停顿，招手互相问候，并辅以问候语。党和国家领导人在出席会议、检阅军队或游行队伍时常用招手礼表示问候和敬意。招手礼的要领是右手臂向上举起，与身体成60°。手掌稍微超过头部，掌心向外，五指微微并拢。上身微向前，成自然状态。右手在空中左右轻摇3次最好。如果距离远的还要点头，让他知道你在向他招手，并可同时说"您好""再见"等问候语、告别语。

4. 注目礼

注目礼是一项比较庄严的礼节，大多在严肃、庄重的场合使用。《中华人民共和国国旗法》规定，升国旗时必须行注目礼。一般在学校上课前，师生双方也行注目礼。注目礼的要领是，行注目礼的时候，要面向受礼者，立正站好，挺胸抬头，目视前方，双手自然下垂放在身体两侧，行礼前要求脱帽（军人除外），摘手套。当注视礼开始时，则注视受礼者，并且用目光迎、送受礼者（右、左转头幅度不超过45°）。

5. 鞠躬礼

鞠躬礼一般是下级对上级或同级之间、学生向教师、晚辈向长辈、服务人员向宾客表达由衷的敬意的一种礼节。鞠躬礼是中国、日本、韩国、朝鲜等国家传统的、普遍使用的一种礼节。鞠躬主要表达"弯身行礼，以示恭敬"的意思。

6. 拥抱礼

拥抱礼是流行于欧美的一种见面礼节。其他地区的一些国家，特别是现代的上层社会中，也行此礼。拥抱礼多行于官方或民间的迎送宾朋或祝贺致谢等场合。当代，许多国家的涉外迎送仪式中，多行此礼。拥抱礼行礼时，通常是两人相对而立，各自右臂偏上，左臂偏下，右手环抚于对方的左后肩，左手环抚于对方的右后腰，彼此将胸部各向左倾而紧紧相抱，并头部相贴，然后再向右倾而相抱，接着再做一次左倾相抱。

7. 合十礼

合十礼又称"合掌礼"，原是印度古国的文化礼仪之一，后为各国佛教徒沿用为日常普通礼节。行礼时，双掌合于胸前，十指并拢，以示虔诚和尊敬。遇到不同身份的人，行此礼的姿势也有所不同。例如，晚辈遇见长辈行礼时，要双手高举至前额，两掌相合后需举至脸部，两拇指靠近鼻尖。男行礼，人的头要微低，女行礼，人除头微低外，还需要右脚向前跨一步，身体略躬。长辈还礼时，只需双手合十放在胸前即可。拜见国王或王室重要成员时，男女均须跪下。国王等王室重要成员还礼时，点头即可。无论地位多高的人，遇见僧人时，都要向僧人行礼，而僧人则不必还礼。

应用案例

礼仪中的入乡随俗
——习近平夫妇与毛利人行"碰鼻礼"

国家主席习近平2014年11月20日在惠灵顿出席新西兰总督迈特帕里举行的欢迎

仪式。

在总督府前草坪,新西兰政府首先为习近平主席到访举行隆重的毛利族传统欢迎仪式,这是新西兰人民给予尊贵客人的最高礼遇。习近平和夫人彭丽媛抵达时,受到毛利族男女长者热情迎接。他们分别向习近平和彭丽媛行"碰鼻礼"。毛利人整齐列队,表演挑战仪式,这是毛利族最古老的迎宾礼。5名勇士赤膊光足,身系草裙,一面挥舞长矛,一面吆喝,并不时吐出舌头。为首的勇士走到习近平面前,将一把剑投在地上,习近平俯身拾起。毛利人确定习近平一行是为和平而来的善者。毛利族女子引吭高歌,人群齐声欢呼,手舞足蹈,并用舌头、眼睛动作表达激动和喜悦之情。数十名毛利族青少年跳起传统的哈卡舞。

欢迎仪式后,习近平夫妇同迈特帕里夫妇在亲切友好的气氛中进行交谈。迈特帕里代表新西兰人民欢迎习近平。他表示,这是习近平主席第三次访问新西兰。按照毛利人习俗,客人来三次就是一家人了。

资料来源:搜狐新闻.

5.3 通联礼仪

通联礼仪通常是指人们有目的地进行通信联络时,所应遵守的基本行为规范,遵守通联礼仪是维持良好的人际关系,进而使其有所发展的重要前提。

俗话说,相交一场"常来常往",在维系人际关系的诸多方法之中,"常来常往"是最有成效的一种,而在现代快节奏的现实生活中,"常来常往"不但可以表现为相互走动、经常见面,也可以借助于其他形式进行。利用通信联络手段,与交往对象时常保持联系,就是其中之一。

通联礼仪的基本原则是保持联络,它的基本含义是在人际交往中,要尽一切可能与自己的交往对象保持各种形式的有效联系,以便进一步地加深交往和沟通,巩固、促进和发展彼此之间的正常关系,遵守这一原则是通联礼仪的基本要求。

5.3.1 书信

书信是迄今为止人际交往中最古老、最实用的一种联络方式,在日常生活中,个人与个人、个人与组织、组织与组织之间,都可以利用书信来传递信息、互通情报、交流思想、表达情感。在人际交往中,通信与拜访、交谈以及其他各种形式的社交活动一样都是联络感情、发展关系的一种重要渠道。

书信礼仪

在信件的正文当中称呼、问候与祝词、署名都是至关重要的,它们直接关系到收信人展信而阅后的第一印象,而且间接影响双方的关系。

1. 称呼

信上所写的第一句话是对收信人的称呼。一般而言称呼要注意两点:一是要在信纸的第一行顶格写;二是注意称谓的准确与得体。除非收信人是自己的挚爱或家人,一般不允许称呼其小名或是直呼其昵称,如果要想更好地向收信人表示自己的亲切和敬重之意,

可视自己与收信人的不同关系在其称呼之前加一个准确的形容词。

在至亲至爱的称呼前面,可冠以"亲爱的",使收信人沉浸在亲切温暖之中;在其他令自己敬佩的长者或平辈人的称呼前,可以加上"敬爱的"或"尊敬的"等,以暗示收信人在自己心目中的位置崇高无比。

2. 问候

拜读一封来信,好比在社交场合会晤一位老朋友,如能得到一声问候,无疑会非常高兴。一般来说问一声"您好",或是同时再问候一下收信人的长辈、配偶、恋人及其家人就可以了。有些问候如"最近身体好吗?""您在忙什么呢?""工作顺利吗?"不太适合用来问候与自己关系一般的收信人。

3. 祝词

信写到最后,该向收信人说一声"再见",用在信末的祝词就是写信人用来祝福收信人的道别语。祝词根据习惯应分为两行书写,第一行前面要空上两个,第二行则必须顶格。祝词的内容应以吉祥如意的词为主,例如"祝新年快乐!""恭祝夏安""祝君阖家欢乐"等都是人们常用的祝词。

4. 署名

一般而言私人信件都要署名,无缘无故地发出匿名信是不礼貌的行为。署名通常写在助词下一行的右侧,收信人若系长辈、亲属,不必写上自己的姓氏,收信人若是关系一般的朋友,特别是异性的时候,则务必要署上自己的全称,即连姓带名一道写出来。

为了更好地向收信人表达敬意,在署名的前后还可以加上一些适当的连带语。对长辈,可以写"侄女某某谨上""后生某某谨上";对平辈可以写"你的朋友某某";对晚辈可以写"某某字""某某示"等。

5. 封文

封文即在信封上所写的文字,在一般情况下,国内以中文书写的信封多为横式,在横式信封上所出现的封文,大致由三个部分组成,分别是收信人地址、收信人称谓和发信人落款。除此之外,在信封上再写其他任何内容都是不合适的。

随着当今社会的飞速发展,人与人之间的联络方式也变得更有效和快速,特别是当代年轻人,用书信的方式与人联系已经很少了。但与电话、语音信箱、手机短信相比,书信尽管时效性较差,但却具有直观性和易藏性,既可以反复阅读、细心体味,又便保存,可以收藏留念。更重要的是,由于它是发信人亲笔书写,所以可使收信人"见字如面",顿生亲近之感。当代大学生应该学习这种传统且有意义的联络方式。

5.3.2　邮件

如今电子邮箱的使用比较普遍,特别是职业人士还拥有以公司域名为后缀的邮箱,职业人士利用公司邮箱发送邮件与私人信件有很大区别,存在着职场邮件礼仪方面的新问题。大学生在进入职场之前,一定要学会发邮件的要求和礼仪规范,否则,今后在工作中一定会遇到麻烦。

电子邮件和
传真礼仪

1. 主题

主题要提纲挈领,添加邮件主题是电子邮件和信笺的主要不同之处,在主题栏里用短短的几个字概括出整个邮件的内容,便于收件人权衡邮件的轻重缓急,分别处理。

(1)一定不要空白标题,这是最失礼的。

(2)标题要简短,不宜冗长。

(3)一封邮件尽可能只针对一个主题,不在一封信内谈及多件事情,不便于以后整理。

(4)最重要的一点,主题千万不可出现错别字和不通顺之处,切莫只顾检查正文却在发出前忘记检查主题。主题是给别人的第一印象,一定要慎之又慎。

2. 正文

邮件正文要简明扼要,行文通顺,邮件正文应简明扼要地说清楚事情,如果具体内容确实很多,正文应只做摘要介绍,然后单独写个文件作为附件进行详细描述。正文行文应通顺,多用简单词汇和短句,准确清晰地表达,不要出现让人晦涩难懂的语句。

(1)注意邮件的论述语气。根据收件人与自己的熟络程度、等级关系,邮件是对内还是对外性质的不同,选择恰当的语气进行论述,以免引起对方不适。

(2)邮件正文注意逻辑性。如果事情较多,最好1、2、3、4地列几个段落进行清晰明确的说明,保持你的每个段落简短、不冗长,这样的表述方式思路清晰,在工作中是非常受欢迎的。

(3)一次邮件交代完整信息。最好在一次邮件中把相关信息全部说清楚、说准确。不要过后再发一封什么"补充"或"更正"之类的邮件,这会让人很反感。

(4)尽可能避免拼写错误和错别字。写作的正确是对别人的尊重,也是自己态度的体现。如果是英文邮件,最好把拼写检查功能打开,如果是中文邮件,注意书写文字的正确和有效。

(5)合理提示重要信息。不要动不动就用大写字母、粗体斜体、颜色字体、加大字号等手段对一些信息进行提示。合理的提示是必要的,但过多的提示则会让人抓不住重点,影响阅读。

3. 附件

如果邮件带有附件,应在正文里面提示收件人查看附件,附件文件应按有意义的名字命名,最好能够概括附件的内容,方便收件人下载后管理。

正文中应对附件内容做简要说明,特别是带有多个附件时。附件数目不宜超过4个,数目较多时应打包压缩成一个文件。如果附件是特殊格式文件,因在正文中说明打开方式,以免影响使用。

4. 签名

每封邮件在结尾都应签名,这样对方可以清楚地知道发件人信息。虽然你的朋友可能从发件人中认出你,但没有签名的邮件是不符合规范的。

5. 回复

(1)及时回复。收到他人的重要电子邮件后,即刻回复对方一下,这是必不可少的,也是对他人的尊重,正确的回复时间是 2 小时内,特别是对一些紧急重要的邮件。

对每一份邮件都立即处理很占用时间,对于一些优先级低的邮件,可集中在一个特定时间处理,但一般不要超过 24 小时。

（2）进行针对性回复。当回件答复问题的时候,最好把相关的问题抄到回件中,然后附上答案。不要过于简单,那样太生硬了,应该进行必要的阐述,让对方一次性理解,避免再反复交流,浪费资源。

（3）回复不得少于 10 个字。对方给你发来一大段邮件,你却只回复"是的""对""谢谢""已知道"等字眼,这是非常不礼貌的。邮件回复至少 10 个字,显示出你对问题的态度和对他人的尊重。

5.3.3　电话及短信

1. 电话礼仪

电话被现代人公认为便利的通信工具,在日常生活中,人们通过电话也能粗略判断对方的人品、性格。因而,掌握正确的、礼貌的打电话方法是非常必要的。

电话礼仪和
手机礼仪

正确地使用电话,并不是每一个会打电话的人都能做得到的,不仅要熟练地掌握使用电话的技巧,更重要的是,要自觉维护自己的"电话形象"。

1）接听电话前

特别是职场中的工作电话,一定要准备记录工具,如果没有准备好记录工具,那么当对方需要留言时,就不得不要求对方稍等一下,让别人等待,这是很不礼貌的。所以,在接听电话前,要准备好记录工具,例如笔和纸、手机、计算机等。

停止一切不必要的动作,不要让对方感觉到你在处理一些与电话无关的事情,对方会感到你在分心,这也是不礼貌的表现。

使用正确的姿势,用手拿好电话,如果你姿势不正确,不小心电话从你手中滑下来,或掉在地上,发出刺耳的声音,也会令对方感到不满意。带着微笑迅速接起电话,让对方也能在电话中感受到你的热情。

2）接听电话

三声之内接起电话,这是星级酒店接听电话的硬性要求。此外,接听电话时还要注意接听电话的语调,让对方感觉到你是非常乐意帮助他的,从你的声音中能听出你是在微笑;注意接听电话的措辞,绝对不能用任何不礼貌的语言使对方感到不受欢迎;注意当电话线路发生故障时,必须向对方确认原因。

当听到对方的谈话很长时,也必须有所反映,如使用"是的、好的"等来表示你在听。

3）打电话礼仪

（1）时间适宜。把握好通话时机和通话长度,既能使通话更富有成效,显示通话人的干练,也显示了对通话对象的尊重。反之,如果莽撞地在受话人不便的时间通话,就会造成尴尬的局面,非常不利于双方关系的发展。如果把握不好通话时间,谈话过于冗长,也会引起对方的负面情绪。

（2）内容精练。打电话时忌讳通话内容不着要领、语言啰唆、思维混乱,这样很容易引

起受话人的反感。通话内容精练简洁是与人通话的基本要求。

（3）预先准备。在拨打电话之前，对自己想要说的事情做到心中有数，尽量梳理出清晰的顺序。做好这样的准备后，在通话时就不会出现颠三倒四、现说现想、丢三落四的现象了，同时也会给受话人留下高素质的好印象。

（4）表现有礼。拨打电话的人在通话的过程中，始终要注意待人以礼，举止和语言都要得体大度，尊重通话的对象，并照顾到通话环境中其他人的感受。

如果在工作环境出现代别人接听电话的情况，还要注意以下事项。

（1）礼尚往来。不要随便拒绝代接电话的请求，这本是互利互助的事情，所以要礼尚往来，连电话都不愿意为他人代接的人，在现实生活中也是难以取信于人的。

（2）尊重隐私。在代接电话时，不要向发话人询问对方涉及隐私的问题，以免辜负他人的信任。即便是在电话中略知一二，也绝不可随意扩散和广而告之。

（3）记忆准确。若需向对方传达电话内容，那么一定要做记录，特别是重要的事情需要转达，一定要把记录的信息复述一遍，免得误事。

（4）传达及时。要将记录的电话内容及时传递给代接电话的人，并且内容清楚、准确。

2. 短信礼仪

电话短信也是一种在社交场合传递信息、通知事项、告之情况等用到的联络方式，但在生活和工作中，有些人不会正确使用短信礼仪，而且经常因为错误的发送某些短信而引出一些笑话。

（1）称谓署名不能少。我们可能经常会接收到一些既无称谓又无署名的祝福短信，弄得自己莫名其妙。给别人发送短信时，应认识到手机短信也是信函的一种，因此应符合普通书信的基本格式要求，应该先有对收信方的称谓、问候语，然后才写具体内容，最后加上敬语，并署上自己的姓名。

（2）发送回复讲时效。由于手机短信对对方的影响很小，所以发送时间没有太多讲究，主要根据工作和交际需要发送即可，但还是要注意，除非必要，不要在对方休息时间特别是 22:00 以后发送工作短信，以免给对方造成不必要的麻烦。另外，也不能频繁地给对方发送短信。

（3）短信内容要原创。由于互联网的普及，很多人在用短信问候他人时都喜欢直接从网上下载已制作好的短信进行发送，因为这些短信要么文辞优美、对偶工整，要么语言风趣、耐人寻味，省去了很多自己编制的工夫。但这样的短信往往有敷衍之意，原创短信虽然文辞质朴，但往往情感真挚，能够有效地避免和别人短信内容的雷同，会使对方有一种亲切感。

（4）群发转发少使用。随着通信技术的不断进步，现代手机普遍具备短信群发和转发功能，这确实给工作和交际带来了很大方便，对于同质性信息，减少了信息输入和发送时间。但对于不同交际对象的节日问候、工作祝愿等最好少用此功能，因为交际对象彼此之间也有交流，有时难免透露出你发送的同样的问候信息，而人们往往希望对方对自己的问候是独特的、唯一的，所谓欣赏"特别的爱给特别的你"，如果发现对自己的问候跟别人的一样，心里肯定会不舒服。

（5）语言风格要庄重。短信的内容可以个性化，语言也可以适当调侃和幽默，但总体风格还是以庄重为宜。不能为了搞笑,就把庸俗不堪甚至低级趣味的内容发给对方,这样只会降低自己的品位,引发交际障碍。

应用案例

小 道 消 息

小慧接到一个电话,内容是:"帮我叫一下小飞",小慧立即听出是总经理的声音,他连忙把小飞叫来,自己就在不远处竖起耳朵听电话,他听到小飞说:"好,我马上去您办公室。"小飞匆匆走了,小慧立即跑到张姐那儿:"张姐,总经理叫小飞去一趟,一定是他接团时被客人投诉的事,让总经理知道了,这还不得严厉处分,弄不好得开除呢。"过了几天单位里都在传,小飞被总经理狠狠批评,要被开除的事情。

而事实只是总经理让小飞去为新的客户讲解一下活动情况。

资料来源:梁颖,陈杰峰.旅游礼仪[M].上海:上海交通大学出版社,2017.

5.4 馈 赠 礼 仪

所谓馈赠,是指为向他人表达友谊、敬重、感激、歉意等个人意愿,而将某件物品不求报偿地送给他人。作为社会交往的重要手段之一,其目的在于沟通感情和保持联系。适宜的馈赠能让我们体味人情缔结的温暖,不当的馈赠则可能事与愿违,引发芥蒂。因此社交场合里的馈赠双方都应该学习馈赠礼仪,讲究赠送守则和受赠须知,绝不可随心所欲、盲目行事。

5.4.1 赠礼守则

1. 赠礼的要素

得体的馈赠要考虑六个方面的问题:送给谁(Who),为什么送(Why),送什么(What),何时送(When),在什么场合送(Where),如何送(How)。也就是要考虑馈赠对象、馈赠目的、馈赠内容、馈赠时机、馈赠场合、馈赠方式六个要素,简称馈赠"5W1H"规则。

(1)馈赠对象。馈赠对象即馈赠客体,是赠物的接受者。馈赠时要考虑馈赠对象的性别、年龄、职位、身份、性格、喜好等因素。

(2)馈赠目的。馈赠目的即馈赠动机,任何馈赠都是有目的的,或为表达友谊,或为祝颂庆贺,或为酬宾谢客,或为慰问哀悼。馈赠动机应高尚,以表达情谊为宜。

(3)馈赠内容。馈赠内容即馈赠物,是情感的象征或媒介,包括赠物和赠言两大类。赠物可以是一束鲜花、一张卡片或一件纪念品。赠言则有多种形式,如书面留言、口头赠言、临别赠言、毕业留言等。馈赠时,应考虑赠物的种类、价值的大小,档次的高低、包装的式样、蕴含的情义等因素。

(4)馈赠时机。馈赠时机即馈赠的具体时间和情势,主要应根据馈赠主客体的关系和馈赠形式来把握。

（5）馈赠场合。馈赠场合即馈赠的具体地点和环境，主要应区分公务场合与私人场合，根据馈赠的内容和形式选择适当的场合。

（6）馈赠方式。馈赠方式主要有亲自赠送、托人转送、邮寄运送等。

应用案例

千里送鹅毛

"千里送鹅毛"的故事发生在唐朝。当时，云南一少数民族的首领为表示对唐王朝的拥戴，派特使缅伯高向太宗贡献天鹅。路过沔阳河时，好心的缅伯高把天鹅从笼子里放出来，想给它洗个澡。不料，天鹅展翅飞向高空。缅伯高忙伸手去捉，只扯得几根鹅毛。缅伯高急得顿足捶胸，号啕大哭。随从们劝他说："已经飞走了，哭也没有用，还是想想补救的方法吧。"缅伯高一想，也只能如此了。到了长安，缅伯高拜见唐太宗，并献上礼物。唐太宗见是一个精致的绸缎小包，便令人打开，一看是几根鹅毛和一首小诗。诗曰："天鹅贡唐朝，山高路途遥。沔阳河失宝，倒地哭号啕。上复圣天子，可饶缅伯高。礼轻情意重，千里送鹅毛。"唐太宗莫名其妙，缅伯高随即讲出事情原委。唐太宗连声说："难能可贵！难能可贵！千里送鹅毛，礼轻情意重！"

资料来源：https://mbd.baidu.

2．礼品的选择

1）根据馈赠目的选择礼品

送礼在本质上应被视为向他人表示友好、尊重与亲切之意。只有本着这一目的，才能正确地选择适当礼品，准确表达自己的情意，使所赠礼品发挥正常功效。

公司庆典一般送上一篮鲜花，慰问病人可以送鲜花、营养品、书刊等；朋友生日可以送卡片、蛋糕等；庆祝节日可以送健康食品、当地特产；旅游归来可以送当地人文景观纪念品及土特产；走亲访友一般送精致水果、糖酒食品等。

2）根据馈赠对象选择礼品

（1）考虑彼此的关系现状。在选择礼品时，必须考虑自己与受赠对象之间的关系现状，不同的关系应当选择不同的礼品。应考虑与馈赠对象的亲缘关系、地缘关系、业缘关系、性别关系、友谊关系、文化习惯关系、偶发性关系等，在选择礼品时都要有所不同，区别对待。

例如，玫瑰是爱情的象征，是送给女友或妻子的佳礼。但若把它随便送给一位普通关系的异性朋友，就可能引起不必要的误会。

（2）了解受赠对象的爱好和需求。根据受赠对象的爱好和实际需求选择礼品，往往可以增加礼品的实效性，增强对送礼者的好感和信任。因为在受赠对象看来，只有了解和关心他的人，才会明白他的需求。正如鲜花赠予美人，宝刀赋予烈士，可以使礼品获得增值效应。例如，教师在学生取得佳绩时，可以赠予有益的书籍，给书法爱好者赠送文房四宝，给音乐爱好者赠送乐器等。

（3）尊重对方的个人禁忌。在选择礼品的过程中,应细致了解受赠对象的个人禁忌,以免因对所选礼品猜忌而导致适得其反的效果。

3）选择礼品禁忌

一般而言,选择礼品不应忽视的禁忌有四类。

（1）个人禁忌。送情侣表给一位刚刚失去丈夫的女性,或送一条香烟给一位从不吸烟的长者,都会触犯对方的私人禁忌。

（2）民俗禁忌。如俄罗斯人最忌讳送钱给别人,因为这意味着施舍和侮辱。汉族人忌送钟、伞,因为这意味着不吉利。

（3）宗教禁忌。如对穆斯林不能送人形礼物,也不能送酒,因为他们认为酒是一切万恶之源。也不能送雕塑和女人的画片。

（4）伦理禁忌。如各国均规定不得将现金和有价证券送给并无私交的公务人员。

5.4.2 受礼须知

作为受赠者,在接受礼品时,一些注意事项必须了然于胸,并认真遵守,总之,既不可以对他人的礼品漠然无视,也不宜在接受礼品时行为失当。

1. 心态开放

接受礼品时,受赠者应保持客观、积极、开放、乐观的心态,要充分认识到对方赠礼行为的郑重和友善,不能心怀偏颇,轻易比较礼品的价值高低或做出对方有求于己的判断。

2. 仪态大方

受礼时,受赠者应落落大方,起身相迎,面带微笑,目视对方,耐心倾听,双手接受。受礼后与对方热情握手。不可畏畏缩缩、故作推辞或表情冷漠、不屑一顾。

3. 受礼有方

按照国际惯例,受礼后一定要当面拆开包装,仔细欣赏,面带微笑,适当赞赏。切不可草率打开,丢置一旁,不理不睬。中国人比较含蓄,不习惯当面打开,所以与国人交往时也可遵守这一传统习惯。另外,不是有礼必受,对于有违规越矩送礼之嫌的,应果断或委婉拒绝。

4. 表示谢意

接受礼品时,应充分表达谢意。表达时应让对方觉得真诚、友好,若是贵重礼品,往往还需要用打电话、电子邮件等方式再次表达谢意,必要时还应选择适当的时机加以还礼。

应用案例

涉外交往中的馈赠要领

国际礼仪中互送礼品是一种礼仪的体现,也是一种感情的传递,能使双方之间架起一个互通的桥梁。在与外国人的交往中,送礼是必要的,是联络感情,广交朋友,增进友谊的一种方式,但是,送礼时的热情要适度,有时过分热情反倒适得其反。

所以,在对外送礼上,主要应该防止这样几个问题:第一,过多。第二,过于贵重,使别人不敢轻易接受。第三,体积过大,不利于方便携带。

在礼品的挑选上,要对送礼对象的爱好、兴趣做些简单的调查,因人而异,投其所好。此外,还要注意对方的风俗习惯、宗教信仰,了解一下对方基本的忌讳。如信奉伊斯兰教的国家不要送酒、猪皮产品。送花时,西方国家比较忌讳双数,喜欢单数,一般不送单一的花种,会让颜色搭配得更加丰富,看起来更漂亮。各国对颜色都有忌讳,一般认为白色是纯洁的象征,黑色是肃穆的象征,黄色是和谐的象征,而红色和蓝色是吉祥如意的象征。很多国家以黑色为葬礼的颜色,灵车用黑色。比利时人忌蓝色。巴西人以棕黄色为凶丧之色,认为人死好比黄叶从树上落下来。在馈赠行为当中,主角当然非礼品莫属。

赠送外国友人礼品时,必须恪守四项准则。

(1)突出礼品的纪念性。在涉外交往中,送礼依然要讲究"礼轻情义重"。有时,"江南无所有,聊赠一枝梅",往往更受对方欢迎。因为在许多国家里,都不时兴赠送过于贵重的礼品。反之,则很可能会让受礼者产生受贿之感。

(2)体现礼品的民族性。最有民族特色的东西,往往是最好的。向外宾赠送礼品,其实也是一样。中国人司空见惯的风筝、二胡、笛子、剪纸、筷子、图章、书画、茶叶等。一旦到了外国人手里,往往会备受青睐,身价倍增。

(3)明确礼品的针对性。送礼的针对性,是指挑选礼品时应当因人、因事而异。因人而异,指的是选择礼品时,务必要充分了解受礼人的性格、爱好、修养与品位,尽量使礼品得到受礼人的欢迎。因事而异,则指的是在不同的情况下,向受礼人所赠送的礼品应当有所不同。例如,在国事访问中,宜向国宾赠送鲜花、艺术品。出席家宴时,宜向女主人赠送鲜花、土特产和工艺品,或是向主人的孩子赠送糖果、玩具。探望病人时,则宜向对方赠送鲜花、水果、书刊、CD等。

(4)重视礼品的差异性。向外国人赠送礼品,绝对不能有悖对方的风俗习惯。要通过对受礼人所在国风俗习惯的了解,在挑选时,主动回避对方有可能存在的下述六个方面的禁忌:一是与礼品有关的禁忌;二是与礼品色彩有关的禁忌;三是与礼品图案有关的禁忌;四是与礼品形状有关的禁忌;五是与礼品数目有关的禁忌;六是与礼品包装有关的禁忌。这六个方面的禁忌,有时也称"择礼六忌"。

资料来源:https://sa93g4.smartapps.baidu.com.

5.5 餐饮基本礼仪

大学生在校园里参加正式餐饮宴请的机会不太多,因此,对于餐饮中应该遵守的一些基本礼仪,大家可能会比较陌生,其实,餐饮不仅可以招待亲朋好友解决实际问题,而且可以以之作为社会交往的一种具体形式,通过餐饮礼仪展现个人的良好修养,表现对交往对象的敬重、友善和诚意。

5.5.1 中餐礼仪

中餐是中式餐饮的简称,是指一切具有中国特色的,依照中国传统方法制作的,为中国人在日常生活中所享用的餐食和饮品。中餐礼仪历来是中华饮食文化的重要组成部分,主要是指以中餐待客或者品尝中餐时,应当自觉遵守的习惯做法和传统习俗。

中餐餐饮礼仪

1. 点菜礼仪

中国饮食礼仪有几千年的历史底蕴,随着社会发展,各种对外饮食礼仪也在不断变化。一顿标准的中式餐饮,通常是先上冷盘,接下来是热炒,随后是主菜,然后上点心和汤,如果感觉吃得有点腻,可以点一些餐后甜品,最后是上果盘。在点菜中要顾及各个程序的菜式。要做到"三优四忌"。

(1)"三优"是指优先考虑的菜肴有三类。

第一类,有中餐特色的菜肴。宴请外宾的时候,这一条更要重视。像炸春卷、煮元宵、蒸饺子、狮子头、宫保鸡丁等,并不是多么珍贵的佳肴美味,但因为具有鲜明的中国特色,所以受到很多外国人的推崇。

第二类,有本地特色的菜肴。例如,西安的羊肉泡馍,湖南的毛家红烧肉,上海的红烧狮子头,北京的涮羊肉,宴请外地客人时,上这些特色菜,恐怕要比千篇一律的生猛海鲜更受好评。

第三类,本餐馆的特色菜。很多餐馆都有自己的特色菜。上一份本餐馆的特色菜,能说明主人的细心和对客人的尊重。

(2)"四忌"是指点菜时要注意的四点。

一是宗教的饮食禁忌,一点也不能疏忽大意。

二是出于健康的原因,对于某些食品,也有所禁忌。

三是不同地区,人们的饮食偏好往往不同。对于这一点,在安排菜单时要兼顾。

四是有些职业出于某种原因,在餐饮方面往往有特殊禁忌。

2. 座次排序

(1)单主人宴请时的位次排序。每张餐桌上只有一位主人,主宾在主人右边就座,形成一个谈话中心。

(2)男、女主人共同宴请时的座次排序。如主人夫妇就座同一桌,以男主人为第一主人,女主人为第二主人,主宾和主宾夫人分别坐在男、女主人右侧,桌上形成两个谈话中心。

(3)同性别双主人宴请时的座次排序。第一、第二主人均为同性别人士或正式场合下宴请时用的方法,是一种主副相对、按"以右为贵"的原则依次按顺时针排列,同时要做到主客相间。

3. 注意事项

(1)中餐入席,须讲究座次。一般居中前的餐桌为贵宾席,每张桌子面对大门的,面向东面的或居左的座位为主宾座,不可擅自落座,要根据身份、地位、亲疏关系分坐。

（2）中餐的餐具主要有杯、盘、碗、碟、筷、匙等，在正式宴会上，水杯放在菜盘左方，酒杯摆在菜盘的右边。筷子和汤匙可放在专用的碟子上，公用的筷子和汤匙最好放在专用的碟子上。

（3）中餐上菜顺序为先上冷盘、后上热菜，最后上甜点和水果。

（4）进餐开始的时候，服务员送上湿毛巾是擦手的，不要用它去擦脸。上龙虾、鸡肉、水果时，会送上一只小小的水盆，其中飘着柠檬片和玫瑰花瓣，它不是饮料，而是洗手用的。用它洗手时，可两只手轮流沾湿指头轻轻刷洗，然后用小毛巾擦干。

（5）入席后，不要立即动手取食，应待主人打招呼并由主人举杯示意开始时，才能动筷。

（6）夹菜要文明，应等菜肴转到自己面前时再动筷，不要抢在邻座面前；一次夹菜也不应过多；不要用自己的筷子给别人夹菜。

（7）要细嚼慢咽，这不仅有利于消化，也是餐桌上的礼仪要求。决不能大块往嘴里放，狼吞虎咽。

（8）不要挑食，不要只盯着自己喜欢的菜吃，或急忙把喜欢的菜堆到自己的盘子里。

（9）不要把盘子里的菜拨到桌上；不要发出不雅的声音，如喝汤时的声音、吃菜时的声音；不要嘴里含着食物和别人聊天。

（10）嘴里的骨头和鱼刺不要吐到桌子上，可用餐巾纸掩口，用筷子取出来放到碟子里。

（11）不要用手在嘴里乱抠。可用牙签剔牙，并用手或餐巾掩住嘴。

（12）避免大声喧哗。需要时招呼服务员可用手示意，切忌高声大叫。

5.5.2 西餐礼仪

西餐餐饮礼仪

在西方，去饭店吃饭一般都要事先预约，在预约时，有几点要特别注意说清楚，首先要说明人数和时间，其次要表明是否要吸烟区或视野良好的座位。如果是生日或其他特别的日子，可以告知宴会的目的和预算。在预定时间到达，是基本的礼貌。再昂贵的休闲服，也不能随意穿着。

1. 四种西餐服务礼仪

（1）法式服务。法式服务的特点是典雅、庄重，周到细致，用餐费用昂贵。法式服务十分讲究礼节，流行于西方上层社会。法式西餐服务的宗旨在于让顾客享受到精制的餐品，尽善尽美的服务和优雅、浪漫的情调。法式服务是一种非常豪华的服务，最能吸引顾客的注意力，给顾客的个人照顾较多。但是，法式服务要使用许多贵重餐具，需用餐车、旁桌，故西餐厅的空间利用率很低，同时还需要较多经过培训的专业服务人员。

（2）俄式服务。俄式服务的特点是菜食的量大、油性大，服务操作不如法式细致。俄式服务由一名服务员完成整套服务程序。服务员从厨房里取出由厨师烹制并加以装饰后放入银制菜盘的餐品和热的空盘，将菜盘置于西餐厅服务边桌之上，用右手将热的空盘按顺时针方向从客位的右侧依次派给顾客，然后将盛菜银盘端上桌子让顾客观赏，再用左手垫餐巾托着银盘，右手持服务叉勺，从客位的侧面按逆时针方向绕台给顾客派菜。

（3）英式服务。英式服务的上菜程序与法式、俄式相同，其操作实务与法式、俄式又有所区别。英式西餐不用餐盘，铺台时不摆餐盘，除汤盘和冷盘外，其余都是事先摆到桌面上的。客人所点的菜食，都是直接将菜盘放到客人面前，让客人享用。服务过程中一般不派菜。英式服务也称家庭式服务，主要适用于私人宴席。英式服务的气氛很活跃，也省人力，但节奏较慢，主要适用于宴会，很少在大众化的西餐厅里使用。

（4）美式服务。美式服务的特点是比较自由、快速、简单、大众化。客人入座后，先将水杯翻过来，斟一杯冰水。上菜一律用左手从客人左侧上，撤盘时用右手从客人右侧撤走。主菜上完后上甜菜，要先撤盘，整理台面，然后再上，其他餐具一般不动。服务操作动作快，客人用餐也比较自由。

2. 注意事项

（1）预约。越高档的饭店，越需要事先预约，预约时不仅要说清人数和时间，也要表明是否要吸烟区或视野良好的位置。假如是生日或其他特殊的日子，可以告知宴会的目的和预算，饭店预约确定后，要在预定时间内到达，这是基本的礼貌。

（2）服饰。即使是很昂贵的休闲服，也不能随意穿进餐厅。吃饭时穿着得体是欧美人的常识，去高档的餐厅用餐，男士要穿着整洁的上衣和皮鞋，女士要穿套装和有跟的鞋子，假如指定穿正式服装，男士必须打领带。

（3）入座。最得体的入座方式是从左侧入座，当椅子被拉开后，身体在几乎碰到桌子的距离站直，领位者会把椅子推进来。腿弯碰到后面的椅子时，就可以坐下来。

（4）举止。用餐时上臂和背部要靠到椅背，腹部和桌子保持约一个拳头的距离，最好避免两脚交叉的坐姿。

（5）谦虚。点酒时不要硬装内行，在高级餐厅会有精于品酒的调酒师拿酒单来，对酒不太了解的人，最好告诉调酒师自己挑选的菜色、预算、喜爱的酒类口味，请调酒师帮忙挑选。

应用案例

西餐中纸巾的用处

在吃西餐时，服务员在上菜前都会给客人一块很大的纸巾，很多人都以为这是用来擦嘴的，毕竟吃饭时最需要纸巾，其实不是，这张纸巾有两种不同的用法。第一是让客人铺在腿上，当服务员给你这张纸巾后，如果你铺在腿上了，就证明可以用餐了，这时，服务员就会给你菜单，然后开始点菜。

第二是为了保护衣服，当服务员把菜品端上桌后，如果你此时把这块纸巾挡在胸前，服务员就会帮你打开盖子，因为西餐中牛排都是现煎的，当服务员把铁板端出来后，如果立即掀开盖子，这时铁板上还有余温，就会滋滋作响冒油点，而这块纸巾也就起到遮挡油污的作用。所以，如果你不懂这张纸巾的用法，那么服务员也会很尴尬，不知道该怎么为你服务。

除此之外，这张纸巾还有一个用途，如果用餐途中，你要出去一下，或者上卫生间，这时你就可以把铺在腿上的纸巾放在桌子上，服务员一看就明白，这是离开一会儿。但是，当你把胸前挡着的纸巾放在桌子,服务员会认为你是用餐结束了,就会过来收拾桌子。所以,这些西餐知识一定要懂,不然就会闹笑话的。

资料来源:https://mbd.baidu.com/.

5.5.3 中西餐文化差异

中西餐在文化和饮食习惯上都有极大的差异。

(1)对比注重"味道"的中国饮食,西方秉持的是一种理性饮食观念。

(2)在中国,烹调是一种艺术,它有极强烈的趣味性,甚至带有一定的游戏性,吸引着以饮食为人生之至乐的中国人。西方人饮食强调科学与营养,烹调的全过程都严格按照科学规范行事,菜肴制作规范化,因而厨师的工作就成为一种极其单调的机械性工作。

(3)饮食方式即怎么吃的问题,中西方存在明显的差异,在中国无论是家庭用餐还是正式宴席,都是聚餐围坐,共享一席,人们相互敬酒、劝菜,借此体现人们之间的相互尊敬、礼让的美德以及和睦、团圆的气氛。

(4)在西方宴会上,虽然也围坐,但各人的食物是单盘独碟的。不必固定座位,可以自由走动,不仅可以充分满足个人对食物的喜好,还便于社交,便于个人之间的情感与信息的交流。

应用案例

酒 的 种 类

1. 按制造方法分类

(1)酿造酒。酿造酒是指以水果、谷物等为原料,经发酵后过滤或压榨而得的酒,一般酒精含量都在 20 度以下,刺激性较弱,如葡萄酒、啤酒、黄酒等。

(2)蒸馏酒。蒸馏酒又称烈性酒,是指以水果、谷物等为原料先进行发酵,然后将含有酒精的发酵液进行蒸馏而得的酒。蒸馏酒的酒精含量较高,一般均在 20 度以上,刺激性较强,如白兰地、威士忌、中国的各种白酒等。

(3)配制酒。配制酒是指在各种酿造酒、蒸馏酒或食用酒精中加入一定数量的水果、香料、药材等浸泡后,经过滤或蒸馏而得的酒。如杨梅烧酒、竹叶青、三蛇酒、人参酒、利口酒、味美思等。

2. 按酒精含量分类

(1)高度酒。高度酒是指酒精含量在 40 度以上的酒,如白兰地、朗姆酒、部分白酒等。

(2)中度酒。中度酒是指酒精含量为 20～40 度的酒。

(3)低度酒。低度酒是指酒精含量在 20 度以下的酒,如黄酒、葡萄酒、日本清酒等。

3. 按商业经营分类

(1)白酒。白酒是以谷物为原料的蒸馏酒,因酒度较高又被称为"烧酒"。其特点是无色透明、质地纯净、醇香浓郁、味感丰富。

(2)黄酒。黄酒是中国生产的传统酒类,是以糯米、大米(一般是粳米)、黍米等为原料的酿造酒,因其酒液颜色黄亮而得名。其特点是醇厚幽香,味感谐和,越陈越香,营养丰富。

(3)果酒。果酒是以水果、果汁等为原料的酿造酒,大都以果实名称命名,如葡萄酒、山楂酒、苹果酒、荔枝酒等。其特点是色泽娇艳,果香浓郁,酒香醇美,营养丰富。

(4)药酒。药酒是以成品酒(以白酒居多)为原料加入各种中草药材浸泡而成的一种配制酒。药酒是一种具有较高滋补、营养和药用价值的酒精饮料。

(5)啤酒。啤酒是以大麦、啤酒花等为原料的酿造酒。其特点是具有显著的麦芽和酒花清香,味道纯正爽口,营养价值较高,促进食欲,帮助消化。

资料来源:搜狐网.

本章小结

(1)"社会交往"貌似在"校园外",但却是大学生进入社会之前的一堂很重要的必修课,没有"交往",就难以合作,没有合作,就难以生存、发展。学习、运用礼仪的目的之一,就是增进自身的交际能力,更好地与他人进行合作。

(2)本章立足大学生应该掌握的基本社会交往礼仪,从交往礼仪的原则出发,再辐射到语言、礼节、书信、餐饮等大学生可能会接触的社会交往各方面,从而了解社会交往的基本要求,掌握在交往中应该遵循的礼仪要素。

(3)本章意在通过对社交礼仪的学习,培养学生良好的心理素质,理解与人相处的基本要求,用积极的心态去应对和处理在社会交往中可能会遇到的种种问题,用礼仪的规范更好地、自信地与人交往。

复习思考

一、知识问答

1. 社会交往礼仪的原则有哪些?

2. 如何理解社交礼仪中"灵活从俗"这个原则,请举例说明。

3. 社会礼仪交往的职能有哪些,如何理解?

4. 社会交往中的"六忌"指什么?

5. 在社会交往中,使用"称呼"礼节时有什么要求?

6. 在做集体介绍时,要特别注意什么问题?

7. 在社会交往中,使用"握手"礼节时有哪些原则,如何理解这些原则?

8. 中餐礼仪中,点菜的"三优"和"四忌"分别指什么?

9. 西餐礼仪中"法式""俄式""英式""美式"四种服务的特点是什么?

二、实践训练

1. 能力训练。

(1)以标准的书信礼仪规范写一封家信,内容以介绍学校学习、生活情况为主。

(2)以标准的短信礼仪规范给曾经的老师编写一条问候短信,内容是过节的问候。

2. 情景展示。

（1）以小组为单位，先做个人自我介绍，再分情景做集体介绍。

（2）要求以礼仪作为展示内容核心。

（3）注意语言的规范性，介绍内容的合理性，介绍礼仪的规范性。

3. 写一篇《学习社交礼仪让我更加自信而美丽》小论文，谈一谈学习社交礼仪的心得体会。

CHAPTER SIX

第6章　大学生求职面试礼仪

教学目标

◆ **思政目标：**

　　提升面试中自我调适能力，练就良好心理素质，从外在美和内在美塑造个人形象，拓宽视野和应聘机会，增强面试自信。

◆ **知识目标：**

　　掌握求职面试礼仪的相关知识及正确使用规范。

◆ **能力目标：**

　　能够综合运用求职面试礼仪和面试技巧，事半功倍，赢得面试成功。

6.1 求职面试准备工作

"机会总是留给有准备的人。"在面试前,做好充分准备,做到胸有成竹,努力展示自己的知识、能力和素质,为面试增光添彩。

6.1.1 物质准备

1. 求职材料准备

1)制作个人简历

在制作个人简历时,在网络上可以找到相关的模板,目前常见的为表格式,抬头标题一般为"个人简历""求职简历"。个人简历应突出个性、设计精美、量体裁衣、重点突出,能给招聘单位留下深刻的印象。

简历的撰写与
物质的准备

个人简历的主要内容包括以下几点。

(1)个人基本资料。姓名、性别、出生年月、籍贯、民族、政治面貌、毕业学校及专业、学历、健康状况、身高、兴趣特长、联系电话、E-mail、地址、照片、求职意向等。

(2)个人经历。包括学习经历、社会实践、活动经历、实习及兼职工作经历。如在学校所担任的社会工作、组织或参加活动的情况,参加社会实践、实习经历、科研成果及发表的文章等,突出重点,注重经验。

(3)获奖情况。突出专业优势或其他特长优势的闪光点,包括三好学生、优秀党员、优秀学生、优秀学生干部、获得奖学金及参赛获奖情况等。

(4)职业技能。包括外语、普通话、计算机水平和专业技能资格证书,参加职业技能比赛等。

(5)兴趣特长。个人的爱好、特长,主要体现与应聘职位有直接关联的兴趣特长。

(6)自我评价。是个人对自己思想、愿望、行为和个性特点的评价。高度概括,语言凝练,突出与求职职位的联系。

个人简历的编写,要实事求是,内容真实,言简意赅,书写规范,谦恭有礼,不要出错,避免涂改。内容多的,要有取有舍,应选择与用人单位求职岗位最贴切、最有影响力的内容。

个人简历的封面设计要美观大方,醒目简洁,封面内容主要包括姓名、毕业院校、专业、联系电话等,其形式与材料内容风格一致,彩色打印。装订材料用 A4 纸,附复印材料,装订整洁美观。

2)设计自我介绍

自我介绍主要包括姓名、毕业学校及专业、学历、籍贯、身高等个人基本信息,与应聘职位相关的学习工作经历,取得的突出成绩,特长优势等,备用中英文版的自我介绍。对着镜子配合适当的仪态举止反复练习。

3)整理自荐材料

自荐材料是打开面试之门的金钥匙,用人单位最初是通过自荐材料来了解并进行初步

筛选。重要的是,针对用人单位的招聘需求制作完美的自荐材料,更好地展现自我。自荐材料主要包括求职信、学校推荐表、个人简历及证书原件、复印件等。

各类证书:毕业证书、学位证书、结业证书、荣誉证书、奖学金证书、技能证书(普通话、礼仪、英语四六级、计算机等级等证书)、各类活动获奖证书等。

学习实践经历:学习成绩单、发表的论文及参与的课题、参加社会实践活动的证明材料、毕业实习鉴定材料等。

彩色免冠正装证件照。

2. 了解用人单位信息

充分了解用人单位的相关信息。主要包括组建时间、发展沿革、单位性质、组织结构、文化理念、经营规模、运作模式、业界口碑、薪酬待遇、发展前景等,以及清楚招聘时的岗位、人数、专业等选人要求,熟悉面试流程,了解单位人事部门联系电话、地址等信息,这些信息可以从网站上查阅。了解越深入、全面,对面试准备越充分。一位资深人力资源专员说:"面试时,我们都会问求职者对我们公司的了解情况,如果面试者能够很详细地回答出我们公司的发展状况,我们会认为他很重视我们公司,对我们公司也有信心。"

3. 知识准备

"养兵千日,用兵一时。"在大学四年学习和积累的专业知识和技能,会在面试的时候综合运用。结合求职面试岗位,熟知相关的专业知识、业务技能、职业素养,有些面试岗位需要展示个人作品的,准备好可能用到的个人资料或作品,以便在面试过程中进一步向面试官提供有关自己的个人相关资料。

4. 公文包

面试时的细小行为最能反映出面试者的真实情况,试想一个个人物品杂乱无章,甚至连笔都找不到的人,是很难受到面试官的青睐的。

面试时,带上公文包会给人以专业人员的印象。公文包不要求买很贵重的真皮包,但应看上去大方典雅,应可以平整地放下 A4 纸大小的文件。将准备好的自荐材料、原件及复印件整齐有序地装入公文包里。同时,在公文包里,准备好笔记本、笔、证件等。

应用案例

求职者的"挑战"

小付是快要毕业的大学生,得知一家电缆厂在招销售人员,认真准备了简历,前去面试。"那次面试是在一间大教室,来了很多人,但大家进教室后都选择离讲台较远一些的后排就坐,随后就和旁边的同学或者与自己一起来的同学聊了起来。"小付回忆说。这时前排空荡荡的,而对于平时就喜欢坐在第一排听课的小付来说,在这样的场合勇敢坐到第一排也是一个挑战,但她还是坐到了第一排。理由很简单:"这样面试老师提出的问题我能听得清楚一些。"此时的教室"坐阵"形成了两个极端,第一排一个人,后面直到第四排才开始有同学,并且也没坐满。

正当大家都在窃窃私语等待面试开始时,面试官说话了:"第一排这位同学,你被录取了。"这让大家都感到有些惊讶甚至不解。宣布录取之后,面试官告诉现场的同学,求职者的积极性非常重要,尤其是销售岗位的人员,更应该主动接近目标客户,在面试现场,面试官就是求职者的目标客户。就这样,小付顺利进入了这家公司。

资料来源:https://wenku.baidu.com/link?url=n1jv3fRQfE0g4RIu75ItEYoZHaO9JNxlGo3eyrBA05iiXRtDu76Robci3MP0yfLi1V1Pp19QkINy_fGLZJp_OTw0R9tmvwtWcxfBEVrkfPKnUBplEF75rD2Wi61H3BC0.

6.1.2　心理准备

面试就像一场考试,在测试面试者的能力,也在测试面试者的心理素质和临场发挥。"海阔凭鱼跃,天高任鸟飞。"面试要充满信心,保持良好的状态,快乐的心情。

心理准备与形象准备

1. 良好的心理素质

心理素质是人的整体素质的组成部分,是在后天环境、教育、实践活动等因素的影响下逐步发展起来的。对于大学毕业生而言,面试场面各种各样,面试官很看重面试者的临场表现,因此要重视每个面试环节。

面试者要具备良好的心理素质,表现出饱满的精神状态,积极勇敢地迎接挑战;具备积极进取的心态,做好面试前的充分准备工作,做好角色转换,正确认识自我和评价求职岗位,充满自信地迎接面试挑战;具备情绪控制能力,不能把负面情绪带到面试中,保持稳重、平静;具备应变创造能力,大度坦诚、注重与人协作;具备良好的语言表达能力,语言是沟通表达的媒介;具备抗压能力,认清就业形式,不断磨炼成长。

在面试中,良好的心理素质促进和谐的人际关系。具有乐观、开朗、豁达、包容、尊重、言行一致、乐于交往等品质,从容自信地与面试官交谈。有些面试官可能会提出苛刻的问题以及严格的要求,往往会让面试者面临巨大的压力,这也需要具备良好的自我调节的心理素质。

2. 调整好择业心态

卢梭说过:"选择职业是人生大事,因为职业决定了一个人的未来。"大学生应结合自身实际,扬长避短,择业目标应与本人具备的实力相当,选择适合自己的用人单位和求职岗位。

中国有句古话:"知己知彼,百战不殆。"择业要做到"知己知彼"。知己就是实事求是地评价自己,对自己有正确的认识。客观、正确地认识自己的性格、兴趣、能力、特长、追求目标、择业倾向等,倾听经验者的意见,精准地明确求职目的。明白自己"想做什么""能做什么"。知彼就是要了解择业的社会环境和工作岗位,正确认识激烈竞争,掌握用人单位信息及对招聘岗位的要求,分析面试官如何考查与评价面试者。一般来说,面试官可能先从面试者的衣着、外表、仪态举止来评价面试者,还会对专业知识、口才、交谈技巧做评价,从面试者的性格、人际关系的协调以及应对突发事件的能力来评价等。

择业避免盲目从众心理，一切从自身的特点、能力和单位需求出发，不与他人盲目攀比，明确自身价值的实现和自我的职业发展。

3. 调适求职心理障碍

（1）紧张心理。在面试过程中，心理素质较弱的面试者往往表现出紧张、不自信，导致面试时心跳急速加快，手心冒汗，语言反复表达不畅，大脑一片空白，仪表仪态不够端庄大方。面试时出现适度紧张是一种正常现象，但过度紧张就会影响面试者的临场发挥。因此，可采用一些方法进行调适，如面试前一天进行彩排练习；面试时提前到达面试地点，熟悉环境，调整心态；面试前做深呼吸，提醒自己保持冷静；转移注意力，想象自己做得很成功的事；抓住面试机会反复实践，实践越多，面试表现就会越自然；增加面试者的知识储备、答题技巧、解题思路，从而增加自信，更好地消除紧张情绪。

（2）焦虑心理。如果大学生在面试中出现焦虑心理，大学生在准备面试之前，可采用一些方法进行调适，如制订清晰的求职计划，明确求职目标；参加面试相关知识的培训，提高求职技巧；参加模拟招聘会，增加"临场"经验和信心；学会自我放松，转移注意力，参加体育锻炼等有益身心的文体活动。

（3）自卑心理。自卑心理主要表现为悲观失望，不思进取，错失良机，而且有碍自身才能的正常发挥，可采用以下方法进行调适：积极暗示，增强自信心，充分认识自己的长处，正确评价自己；合理定位，挖掘潜力，选择能发挥自己优势的岗位和职业；自我反思，总结经验教训，客观分析失败原因。失败并不可怕，关键是对待失败的态度，如果面对打击无法排解，产生自卑心理，反而会影响下一次面试。因此，大学生要勇敢面对挑战，正确认识自我，积极进行心理调适，充满信心地对待求职面试。

（4）依赖心理。在求职中，大学生应主动找工作，避免依赖他人的心理，大学生应当学会自强自立，积极投身于自主择业之中，在社会上不断磨炼自身，靠自己的实力去打开职业之门，充分做好不依赖别人的心理准备，实现真正的自立。

（5）受挫心理。挫折心理主要表现为求职面试需要得不到满足时，产生的失望、沮丧、苦闷、消极、压抑等情绪状态。大学生在面试遭遇挫折时，要对产生的挫折心理进行调适，要冷静分析面试失败的原因，对当前的就业形式有清醒的认识，对症下药，不怕失败，及时总结经验教训，为以后的面试做准备，直到择业成功。还可以进行合理的宣泄，如适度运动、找亲朋好友倾诉、大声叫喊缓解压力等，积极调整心态，改善由挫折引发的不良情绪。[①]

应用案例

"自信"取胜

某家知名中外合资酒店面向某高校招聘管理人才，前来报名的毕业生络绎不绝。通过道道关卡，最后只剩下一位男生小张和一位女生小杨。两人都是旅游管理专业的应届毕业生，在校期间表现都非常优秀，担任班级干部，参加过学生会的工作，成绩都不错，面试官在

---

① 盛美兰.民航服务礼仪［M］.北京：中国民航出版社，2011.

两位应聘者之间难以抉择。

主考官在与他们聊天的时候,问:"会打高尔夫球吗?"女生小杨说:"会。"男生小张是有高尔夫球专长的,但他谦逊地回答:"打得不太好。"

主考官又问:"给你们每人一个项目,有没有把握能签合同?"女生小杨说:"有。"男生小张说:"努力去做。"

最后,女生小杨被录用了。主考官对男生小张的评价是:有自卑心理,缺乏自信,无法胜任本职位的工作。

6.2 求职面试形象礼仪

面试者的形象在求职应聘中起着举足轻重的作用。无论你的求职信写得如何出色,招聘者还是在见到你的那一刻才对你产生真正的第一印象。

形象美是一个人的综合表现。求职者在求职应聘中要力求通过整洁的仪容、得体的穿着、大方的举止、流利的谈吐,充分显示出良好的修养,增强自信,同时能获得招聘单位的尊重和重视,对求职起到事半功倍的效果。

6.2.1 求职面试仪容礼仪

仪容能给人造成直接而敏感的第一印象,美好的仪容总能令人敬慕和青睐。

1. 面容规范

男生:面部洁净,不留胡须、鬓角、小胡子和络腮胡,修剪过长的鼻毛,眼部干净,润唇防裂。

女生:面部洁净、润泽,妆容素净淡雅,忌浓妆艳抹,应和谐自然。化妆是参加面试的重要礼仪,对于仪容有画龙点睛的作用。通过运用化妆品和工具,采取合乎面试场合的修饰技巧,与面试的目的和要求相结合,与肤色、发型、服饰、形体、性格、求职身份相协调,化妆应以淡妆为宜,遮盖和弥补面部的不足和缺陷,以协调、精神、高雅、舒适为美,塑造淡雅清秀、健康自然、妆面和谐、富有个性的容貌,强调和突出自然美,焕发出青春的光彩,增强自信心,增添魅力。具体化妆修饰的技法,参看"2.2.1大学生化妆礼仪"内容。

配戴眼镜的求职大学生要保证眼镜清洁、美观。

2. 发型规范

男生:头发清洁、无头屑,梳理整齐。根据自己的脸型、气质、风度选择合适的发型,头发长度要适中,前不遮眉,侧不掩耳,后不触领,发不过厚,不留长发,不剃光头,不烫发,不卷发,不染异色。恰当的发型会使人容光焕发,风度翩翩。

女生:短发要求不遮住脸部,侧不掩耳,梳理整齐;过肩的中长发宜盘发或束发,两鬓的头发都应束起,露出耳朵。盘发后,整理碎发,一丝不乱,整齐干净。有刘海的不盖眉,头发不染异色,发饰大方。给人干净、清爽、干练的形象。

不应在面试前一两天剪发、烫发。不留怪异新潮发型,不可将头发染成五颜六色。女生头饰以深色小型为宜,不佩戴艳丽或带有卡通、动物图案等发饰。

3．手部要求

面试中,在握手、传递物品、做手势动作等会运用到手部。手部应干净滋润,修剪好指甲,指甲长度一般不超过指尖 2 毫米。女生不涂抹指甲油,不贴假指甲。不宜戴手表以外的其他饰物。

4．体味要求

口气清新,面试前忌食有异味的食物,餐后漱口,忌当众嚼口香糖。体味清新,身上无烟味、无酒味、无汗酸味、无脚臭味。不喷气味浓烈的香水。

5．其他要求

仪容的修饰还应注意耳部、颈部的清洁。在日常的洗脸、洗头、洗澡时,应顺便清洗一下耳部和颈部,防止脸上干干净净,耳颈却藏污纳垢,与脸部形成过大反差。并能定期清除耳孔中不洁的分泌物,加强颈部的运动或按摩,有助于颈部皮肤紧致、光洁。

还要注意露在外面的手、脚的干净整洁。尤其是女生穿裙装的时候,要穿丝袜,不光腿、不光脚,注意腿与脚的遮掩。

应用案例

良好形象是"职场的通行证"

小张是一家物流公司的业务员,语言表达能力强,熟悉公司的业务流程,并对公司的产品及服务能够进行得体的介绍,给人感觉既朴实又勤快,在业务人员中学历也是最高的,可是他的业绩却总是上不去。为此,小张非常着急,却不知道问题出在哪里。

小张的性格从小就大大咧咧,平时也不修边幅,头发经常是乱蓬蓬的,双手指甲很长也不修剪,身上的白衬衣常常是皱巴巴的并且已经变色,他喜欢吃大饼卷大葱,吃完后却不知道去除异味。小张的大大咧咧能被生活中的朋友所包容,但在工作中常常过不了与客户接洽的第一关。其实小张的这种形象在与客户接触的第一时间已经给人留下不好的印象,让人觉得他是一个对工作不认真,没有责任感的人,通常很难有机会和客户作进一步的交往,更不用说成功地承接业务了。

资料来源:范礼.大学生礼仪修养[M].北京:中国铁道出版社,2017.

6.2.2　求职面试服饰礼仪

面试时得体的服饰,能够体现面试者专业、稳重、干练的气质,给面试官留下良好的印象。对于求职大学生而言,服饰要整洁、庄重、大方、正规。

1．西装礼仪

1）西装的款式

在面试时应穿着套装西装。套装西装有两件套、三件套,两件套有西装外套、西裤,三件套有西装外套、西裤和马甲。西装外套、西裤、马甲应为同色、同质地。套装西装还应穿着合体。

2）衬衫

（1）面料。应为高织精纺的纯棉、纯毛面料，或以棉、毛为主要成分的混纺衬衫。

（2）颜色图案。为单一色，白色为首选。也可以选择浅蓝色，或者浅灰色。以无图案为最佳。最正规的是白色无花纹衬衫。

（3）领型。以方领为宜。

（4）衣袖。正装衬衫应为长袖衬衫。

（5）穿法讲究如下。

衣扣：穿西装打领带时一定要系好衬衫的第一粒纽扣。

袖长：衬衫的袖口一般以露出西装袖口以外 1.5 厘米为宜。

下摆：衬衫的下摆不可过长，而且下摆要塞到裤子里。

3）领带

领带是男士西装服饰的灵魂，是男士衣着品位和绅士风度的象征。领带的巧妙搭配对于西装的整体美起到了画龙点睛的作用，不论是从款式上还是色彩上，都打破了深色厚重西装的沉闷和单调，使整体看起来庄重而不失生气。

（1）面料。质地一般以真丝、纯羊毛为宜。

（2）颜色。应选用与西装套装颜色相称，光泽柔和，典雅朴素的领带。领带有单色和多色之分。单色以蓝色、灰色、棕色、黑色为佳。多色一般不应超过 3 种色彩，且尽量不选浅色、艳色的领带。

（3）款式。以几何图案或纯色为宜。常用素色无花纹、斜条、圆点、细格等。应与西装翻领、衬衣领的宽度相适应。不宜用"一拉得""一挂得"等简易式领带。

（4）打法讲究如下。

注意场合：求职中打领带意味着郑重其事。

注意性别：为男性专用饰物，女性一般不用，除非制服和作装饰用。

长度：领带的长度以自然下垂最下端（即大箭头）及皮带扣处为宜。

领带夹：注意质量和夹的部位。夹在领带从上至下 2/3 处，即"领带的黄金分割点"。

结法：挺括、端正、平整，外观呈倒三角形，与衬衫领口吻合。领带常见系法有平结、双环结、温莎结、交叉结、双交叉结等。

4）西裤

西裤讲究线条美，必须要有中折线。西裤长度以前面能盖住脚背，后边能遮住 1 厘米以上的鞋帮为宜。穿西裤时不能随意将西裤裤管挽起来。

5）皮鞋和袜子

（1）皮鞋。一般穿黑色或咖啡色皮鞋较为正规。

（2）袜子。穿与西裤、皮鞋颜色相同或较深的袜子，一般为黑色、深蓝色或藏青色。

2．西装套裙礼仪

1）套裙的选择

套裙的款式可分为两件套、三件套两种。

（1）面料。宜选纯天然质地且质量上乘的面料。上衣、裙子、背心要求同一面料。

（2）颜色。以冷色调为主,体现着装者典雅、端庄、稳重的气质,颜色要求清新、雅气而凝重,忌鲜艳色。

（3）图案。讲究朴素简洁,以无图案最佳,或选格子、圆点、条纹等图案。

（4）点缀。不宜添加过多点缀,以免琐碎、杂乱、低俗、小气,有失稳重。

（5）形式。包括长短、宽窄。目前,女性裙子一般有三种形式:及膝式、过膝式、超短式。

四种基本形式:上长下长式、上长下短式、上短下长式、上短下短式。

从宽窄的角度讲,上衣可分为松身式、紧身式两种。

（6）造型如下。

H形:上衣宽松,裙子为筒式。

X形:上衣紧身,裙子为喇叭状。

A形:上身紧身,下裙宽松式。

Y形:上身松身式,裙子紧身式。

（7）款式。衣领多样,衣扣多样,裙子形式多样。

2）套裙的搭配

（1）衬衫。面料应轻薄柔软,颜色应雅致端庄,无图案,款式保守。

（2）内衣、衬裙。不外露、不外透,颜色协调,外深内浅。

（3）鞋袜。黑色高跟鞋为首选,或与套裙颜色一致。袜子应为单色,肉色为首选。值得注意,求职者应随时在包里备一双丝袜,以防划破的时候,可以及时更换。

3）套裙的穿法

（1）大小合适。上衣最短齐腰,袖长刚好盖住手腕,裙子可达小腿中部。整体不过于肥大或紧身。

（2）穿着到位。衣扣要全部扣好,不允许随便脱掉上衣。

（3）协调妆饰。求职中的穿着打扮,讲究着装、化妆和佩饰风格的统一。

（4）兼顾举止。求职者穿着规范,与行为举止相协调。

3. 饰品礼仪

作为应届毕业生,应体现大学生的身份,应聘时不宜佩戴太多的饰物。女生穿着规范的套装和裙装,可以佩戴耳钉、手表、胸针或丝巾等饰品。男生可以佩戴手表、领带等饰品。

应用案例

恰当的服饰是面试成功的敲门砖

小李是某高校的大四学生,他参加某公司到学校举办的招聘会,面试办公室文秘职位。小李在面试前一周精心准备好个人简历,挑选好一套深色的西装套装,用心整理好面试服饰,清洗干净,熨烫整洁,保证服饰的平整。在面试时,参加应聘的学生很多,有的穿着休闲装、运动装,有的穿着西装、套裙等,但小李的西装套装更显平整,小李还搭配好领带,穿上黑色皮鞋,手持一个黑色公文包,面部整洁,脸上时常面带笑容,在面试中充分发挥自己的实力,最终脱颖而出,得到了该公司面试官的认可,成功获得文秘职位。

6.2.3　求职面试仪态礼仪

仪态语言是人的动作和举止,包括姿态、体态、手势和表情。在面试中,求职者仪态应优雅得体、端庄稳重,体现大学生的修养和风度,给面试官以有教养、有学识、有礼貌的印象。

1. 进出门礼仪

(1) 进门礼仪。面试时,进门必须敲门,敲门时应该用右手的食指或中指的指关节敲三下,得到允许方可进入,进入后将门轻轻关上(图 6-1)。精神饱满,面带微笑,欠身致意,真诚问好,向面试官行注目礼。

面试过程中的职业化举止

图 6-1　敲门

(2) 出门礼仪。面试结束,应向面试官致谢、道别。后退几步,再转身离开,走到门口转身,再次面向面试官微笑致意告别,离开轻轻带上房门。

进出门会涉及走姿,行走时要头正肩平,挺胸收腹,步幅适度,步速平稳,步履自然,摆臂幅度适中,目视前方,面带微笑。避免身体前俯后仰、身体摇摆。

2. 热情问候

主动热情地问候面试官,向面试官行 30°鞠躬礼,举止彬彬有礼,面带微笑,神情大方,友好谦和地注视面试官。例如,"尊敬的考官好!""各位考官,您们好!""各位考官,早上好!"

3. 握手礼仪

在面试官先伸出手后,应及时礼貌地伸出右手与面试官相握,手应当是干净、无汗、温暖的。握手时,双眼正视对方,握手力度与对方一致,传递坚定自信的信息,然后把手自然放下。

4. 站姿礼仪

在面试中,站立时应当身体挺直、挺胸收腹、眼睛平视前方,手臂自然下垂或放于腹前,留给面试官一种端庄、稳重、朝气蓬勃的印象,一举一动都严格要求自己,细节可以胜过竞争对手。

站立时,不要出现弯腰驼背、歪头、抖脚等。如果全程要求站立面试,面试者应表现出饱满的精神状态,神态自然,面带微笑。在面试过程中,可以适当灵活运用手势,加深自己表达的内容。

5. 坐姿礼仪

进入面试现场之后,应等面试官示意坐下才可就座,并道声"谢谢"。端正的坐姿给人一种好印象。在入座时要注意,从座位左侧入座,入座要轻稳。落座后,上身要保持直立状态,坐椅子的 1/3 或 2/3,两手放置于腿上。离座时,起身轻稳,从座位左侧离座。

6. 无声语言

中国有句古话:"此时无声胜有声。"面试者表现的无声语言也在向面试官传递信息,面试者应体现乐观、自信、大方、得体。

(1) 亲和的微笑。微笑是令人愉快的面部表情,是人与人之间沟通的桥梁。面试中,微笑应亲切和善、谦虚虔诚、热情大方。微笑是自信的表现,能消除紧张的情绪,可以营造友好、和谐的氛围,增强亲和力,也会增强与面试官的沟通,拉近与面试官的心理距离。

(2) 自信的眼神。眼睛是心灵的窗户。面试时恰当的眼神能展现出自信和对面试官的尊重,还体现出对应聘单位的向往和热情。正确的眼神表达应该是:坦然、亲切、和蔼、有神,对面试官应全神贯注,礼貌地注视考官的眼睛或鼻眼三角区,目光平和而有神,专注而不凝视,神情镇定自若。若有几个面试官,要适当用扫视的眼神,以示尊敬和平等。回答问题时,应与面试官有目光交流,不要回避躲闪或东张西望,切忌眼神飘忽不定。

(3) 适度的手势。面试者在自我介绍、回答问题或展示时,可以配合适度得体的手势。但手势不可太多,易分散注意力。舞动双手、抓耳挠腮、用手捂嘴说话等,都是失礼的表现。

应用案例

航 空 面 试

某航空公司招聘乘务员,在长长的候考队伍中,有一位考生特别引人注目:身材均匀、气质高雅,站姿规范,言谈举止表现力丰富。看得出她受过良好的艺术培训。很多考生也投去了羡慕的目光。但初试下来,通过的名单中却找不到她。这样的考生怎么能落榜,而且在第一轮就落败了?这位考生找来了相关专家质询,答案使其迷惑不解:你在面试现场的表现说明你表演艺术学得不错,但你眼神游离,活跃有余,稳重不足。

乘务员本质上就是服务人员。乘务员展现的并不仅是外表之美,更是服务之美,进而塑造的是航空公司的整体形象。乘务员不是表演者,过于表现自己,就容易忽视对乘客的服务。外秀内智、活泼而不失稳重、热心而不粗心、美丽而不张扬,这才是公司所欢迎的。

资料来源:张美娟,魏桂花.航空服务礼仪[M].长春:吉林大学出版社,2014.

6.3 求职面试语言礼仪

《礼记》中说"言为心声,语为人镜"。语言礼仪客观反映了一个人的内在学识、文化素质和内涵修养。常言道"观其行,听其言,言行一致"。语言是一种重要的人际交流手段,在求职面试中占据着重要地位。在面试场合中,谦虚、诚恳、自然、亲和、自信的语言比较受欢迎,富有感染力的语言、艺术性的口才有助于面试成功,面试者应展现自我风采,体现出语言艺术的魅力。

6.3.1 自我介绍

良好语言礼仪修养的展现,从精彩的自我介绍开始。自我介绍是面试的必备环节,常规的面试,问好之后,面试官提出的第一个问题,几乎千篇一律:"请你简单地做一下自我介绍。"介绍内容要与个人简历相符,自我介绍的时间以 3～5 分钟为宜,时间分配上也要把握好。精心准备自我介绍,突出个人的优点长处,展示个性,有可信度。并适度配合得体的手势、表情等仪态举止。语言概括、简洁、有力,事先最好以文字的形式写好并熟悉。

1. 自我介绍的主要内容

(1) 介绍自己。自我介绍的第一步是要让面试官知道你是谁。主要介绍个人履历和专业特长,包括姓名、年龄、籍贯、毕业学校、专业、政治面貌、教育背景等个人基本信息,以及与应聘岗位密切相关的专业特长等。除专业特长以外的特长,如果特别突出可以介绍,但要点到为止。

生动、形象、个性化地介绍自己的姓名,不仅能够引起面试官的注意,而且可以使面试的氛围变得轻松。个性化地介绍姓名有很多方式,可以从名字的音、形、义或来历进行演绎。

例如,我叫常平祥,经常的"常",平安的"平",吉祥的"祥"。也就是说,我经常会把平安和吉祥带给大家。我的名字用谐音还可以解释为"长治久安,天下太平,祥瑞紫气"。

(2) 个人经历。主要介绍面试者的经验和经历。包括学习经历、校内活动经历、相关的兼职和实习经历、社会实践等。把自己曾经做过的事情说清楚,对应时间节点的工作地点、岗位、职务、内容等,大学生更多是实习、兼职、参加的实践活动等,尤其是对做过的与求职岗位密切相关的经历要重点说,把握"重点突出"的原则,让面试官觉得真实、可信、有闪光点。

(3) 荣誉与成就。荣誉与成就代表面试者的能力水平和思想智慧。主要介绍面试者的个人荣誉与成就,包括获得的荣誉称号、校内活动成果和校外实践成果。把自己在不同阶段做成的有代表性的事情介绍清楚,把自己最精彩的成果加以重点呈现,与应聘职位所需能力相关的成果多做介绍,面试官更关注的是对用人单位有用的成果。

(4) 求职愿望。求职愿望代表面试者的职业理想。主要介绍自己对应聘职位、行业的看法和理想,包括面试者的职业生涯规划、对工作的兴趣与热情、未来的工作蓝图、对行业发展趋势的看法等。

2.自我介绍的讲解事项

（1）称呼适当。文明礼貌是对别人的尊重，面试者应礼貌称谓面试官。如"各位考官"或"尊敬的考官"，或礼貌称谓面试官的英文名。称对方公司尊称"贵"，如"贵公司"。常用"请""谢谢"等礼貌用语。

（2）表达准确。发音准确，自然流畅。语速、音量适中。清晰地介绍自己的姓名、年龄、学历、专业、经历等信息。表述方式上尽量口语化，不用简称、方言、口头语，以免对方难以听懂。

（3）重点突出。表达思路清晰，陈述强项和优势，突出成就、专业技能、经验优势、特长爱好等。应届毕业生可着重介绍相关的在校活动和社会实践的成果，有多项者着重介绍与应聘岗位相关联的内容。

（4）层次分明。注意语言逻辑，介绍时应层次分明、条理清晰、重点突出，有序地展开。要切中要害，不谈无关、无用的内容。

（5）临场表现。可以适当引用他人的经典言论，谈谈对应聘职位的理想和对本行业的看法。目光平视前方，面带微笑，保持挺拔的姿态；放松心境，不要过于紧张，如出现遗忘，不要试图重复，巧妙转换或用"谢谢"结束；不做背书式介绍，手势适度。

应用案例

自我介绍范例

尊敬的各位考官：

您们好！我是来自××大学的应届毕业生，我叫×××。首先感谢贵公司给我这样一个展示自我的机会。大学四年，在学校老师的教导和个人的努力下，让我满载而归，具备了扎实的专业基础知识，系统地掌握了××相关理论知识和技能。此外，我还积极参加校内外各种社会实践活动和实习，如××，抓住每一次机会锻炼自己，熟练具备了工作中常用礼仪，具备较好的××能力。我性格开朗，热爱音乐、舞蹈，乐于助人，容易与他人相处。今后，我会更加努力学习，乘风破浪，以饱满的热情、坚定的信念、高度的责任感迎接新的挑战，攀登新的高峰。

成为一名××工作人员一直是我的目标，我对自己的能力和条件充满信心，真诚希望有机会到贵公司工作。谢谢！

Self-introduction example

Dear Sir /interviewer/examiners

Hello! I am a new graduate from ×× University. My name is ×××. First of all, thank you for giving me such an opportunity to show myself. For four years, under the guidance of teachers and personal efforts, I have systematically mastered basic professional knowledge and relevant theoretical knowledge and skills. In addition, I also actively participate in various social practice and internships, such as ××. At home and abroad, I try my best to seize every opportunity to exercise myself, being proficient in the common etiquette in the work, with a good ability to ××. As to my hobbies and my character, I am cheerful, loving music, dance, willing to help people, easy to get along with others. In the future, I will study harder, take advantage of every moment, and meet new challenges with full enthusiasm, firm faith and high sense of responsibility. I will do my best to climb new peaks.

Being a ×× staff member has always been my goal. I am confident in my ability and determination. I sincerely hope to have the opportunity to work for your company. Thank you!

6.3.2　谈话技巧

交谈是求职面试的核心,是面试中双方信息沟通的渠道。面试是面试者与面试官交谈和回答问题的过程,在这个过程中,是面试官对面试者的内涵素养、应变能力、理解能力、思考问题的广度和深度等的全面评价和考察,彬彬有礼的言谈表现出来的礼貌修养已成为现代招聘单位对人才的考量。因此,求职者语言要准确、概括、简洁,注意语言逻辑,层次分明,重点突出。谈话态度要坦诚,展示真实的自己。

1. 面试交谈技巧

1) 口齿流利,文雅大方

交谈中,发音准确、吐字清晰、修辞美妙、用语文明,言简意赅、通俗易懂,措辞谦逊文雅,不模棱两可,不重复啰唆,避免咬文嚼字,熟练使用普通话,忌用口头禅。如果有个别音素发音不准,影响到讲话整体效果,应少用或避免含有这个音素的字或词。

2) 语气平和,语调适中

交谈中注意语音、语调、语气的运用。语音标准、语调优美柔和、语气正确,声音自然、语速适宜,根据内容的重要程度、难易度及对方注意力情况调节语速和节奏。得体的语调应该是起伏而不夸张,自然而不做作。音量适中,表意准确、生动、精练,保证面试官能听清楚、听明白,综合表现出面试者的坚定、自信和放松。

3) 反应及时,认真倾听

交谈中注意面试官的反应。如面试官心不在焉,可能表示他对谈话内容没有兴趣,应设法终止或转移话题。侧耳倾听,可能说明面试官很感兴趣或由于面试者声音小使对方难以听清楚。根据对方的反应,适时调整语言表达。

交谈中还要注意谈话礼貌,不要打断面试官的讲话,专心致志,目光交流,认真聆听,聆听也是一个思考的过程,注意察言观色,理解面试官的"话中话""弦外之音",敏锐把握面试官话语里的深层含意,做出快速高效的反应,才能更好地与面试官交流。

4) 把握分寸,幽默诙谐

把握好"度",明确在面试场合中的身份,说好自己分内的话,体现自己的身份。考虑措辞,力求准确、恰当、委婉、平和,避免带伤害、刺激、激怒、挑衅的语言。注意说话立场客观公正,态度温和,与人为善,善意表达。

恩格斯认为,幽默是具有智慧、教养和道德上优越感的表现。幽默诙谐能使求职者语言锦上添花,反映面试者的文化修养,又能融洽气氛,增强语言的应变力,化解尴尬。要力求发挥个人的聪明才智,巧妙地运用语言技巧,给人以机智、幽默、诙谐的愉悦感受。

5) 仪态得体,举止大方

面试交谈时,配合恰当、得体的仪态语言,温文尔雅,姿态端正大方,达到更好地传递信息的效果。应站坐有态,端庄稳重、落落大方,与面试官目光有交流,不要东张西望、左顾右盼,也不要目不转睛盯着面试官或眼神飘忽,不要面带倦意、打哈欠,或出现一些摸耳朵、摸脑勺、拽衣角、不停地看手表等小动作,这样给对方的印象不好。交谈时可以适当用一些手势来加强语气、强调,但手势不宜过多,或幅度过大,切忌用手指指点,这是不礼貌的行为。

2. 面试回答技巧

回答问题是面试交谈的重要方面,得体地回答面试官提出的问题是面试取得成功的关键。在面试回答问题过程中,目光要注视面试官,始终面带笑容,谦恭和气,对所提出的问题对答如流,恰到好处,妙语连珠,耐人寻味,不夸夸其谈。

1) 冷静对待

在交谈中,精神饱满,悉心聆听,神态自然,回答问题要明确,不含糊。遇到刁钻古怪的问题时不要惊慌,考官是在考察面试者的适应性和应变性。如果反唇相讥,恶语相对,那就大错特错了。可以用幽默的方式避免其锋芒,也可以用精彩的言辞灵活回答。

2) 坦诚回答

在回答过程中,注意言辞要诚恳,态度要和蔼,表达要准确,少用"可能""也许""大概"等模棱两可的词语,内容要实事求是,增强可信度,展示自己的真诚。回答时还要注意观察面试官的反应,灵活调整自己的语言表达能力。

3) 思考回答

"三思而后行。"回答问题的过程能展示出面试者的学识修养、专业水平、思想水平、敬业精神。首先,确认提问内容,切勿答非所问。听清面试官提出的问题,如果不知如何回答,可请面试官重复刚才的提问,以争取思考的时间,针对性地回答问题。其次,回答问题突出个人见解,富有个人特色。要简明扼要,条理清晰,有理有据,讲清原委,避免抽象。不要简单地用"是"或"否"作答,有的需要解释原因,有的需要说明程度,不要轻易说"不知道",对问题回答不能满足于"知其然",还应答出"所以然"。值得注意的是,知之为知之,不知为不知。不能含糊其词或胡吹海侃。

面试中,常见提出的问题如下。

(1) 请谈谈你对本公司的了解。

(2) 你为什么要面试本公司本职位?

(3) 是什么原因使你决定投身于这个行业呢?

(4) 你为什么对这个职业感兴趣?

(5) 你对××工作有哪些了解?

(6) 你最感兴趣的是什么?

（7）你有哪些特长及爱好？

（8）你认为自己的优点和缺点是什么？

（9）你的抗压能力如何？

（10）你认为自己的能力中有竞争力的是什么？

（11）你有什么技能？

（12）你能和别人相处得很好吗？

（13）你比较喜欢跟哪种类型的人打交道？

（14）你怎么理解与人沟通和学习的能力？

（15）你期望的薪资待遇是多少？

（16）如果发生意外情况，你会怎么处理？

（17）在学校你都参加了哪些课外活动？

（18）你有实习或兼职的经历吗？

（19）你最喜欢哪门课程？为什么？

应用案例

小杨的面试

　　小杨是一名应届毕业生，在大学的四年中，小杨学习刻苦，多次获得奖学金，他还积极参加学校的社团活动以及社会实践活动，通过锻炼，提升了自己的能力。在毕业之际，小杨在大学中的努力获得了回报，他得到了自己中意的一家大型企业的青睐，通过层层选拔，成为少数几名进入最终面试考核的成员之一。

　　这一天，从仪容仪表到对岗位的认识，小杨都做了精心的准备。面试当天，开始都进行得很顺利。无论是谈吐、精神面貌，还是对自己面试这一职位的理解，对未来的思考，都得到了面试领导的肯定。谈话气氛越来越融洽，小杨的心情也轻松起来。在侃侃而谈的同时，小杨将上身倚靠在椅背上，小腿开始不时地抖动。突然，小杨发现坐在对面的人事部经理的脸色发生了变化，面试的气氛也发生了变化。之后，小杨没有再等到这家单位录用他的消息。

　　资料来源：于丽娟.旅游服务礼仪实训教程［M］.北京：经济管理出版社，2015.

6.3.3　交谈注意事项

1. 弥补言行失误

在面试时，如果出现言行失误的情况，可以通过一些办法来弥补，改变留给面试官的不良印象。

（1）及时纠正。"亡羊而补牢，未为迟也。"每个人的言行不可能永远正确，当面试者因一时失误，应及时纠正，才是明智之举。

（2）及时转移。及时转移是把错话移植到他人头上。如"这是某些人的观点，我认为正确的说法应该是……"

（3）借题发挥。借题发挥就是错话一经出口，在真诚的致歉之后立即转移话题，有意借着错处加以发挥，以幽默风趣、机智灵活的话语改变面试场上的气氛，使面试官随之进入新的情境中去。

（4）将错就错。将错就错就是在错话出口之后，能巧妙地将错话续接下去，最后达到纠错的目的。其高妙之处在于，能够不动声色地改变说话的情境，使听者不由自主地转移原先的思路，不自觉地顺着面试者的思维而思考。

2．避免"冷场"

在面试中，"冷场"主要出现在面试者单向交流，面试官毫无兴趣，注意力分散，或者双方交流中，面试官毫无反应，常以"嗯""噢"之类的话应付。面试者可以采用精简发言、变换话题、中止交谈等方法，避免冷场的发生。

3．开玩笑禁忌

一般来说，面试场合是严肃的，言谈要庄重，不能随便开玩笑，面试官的身份、性格对于面试者来说，都是陌生的，要注意把握好分寸，不要有失言谈举止。

4．交谈禁忌

在面试过程中，交谈是双向性的沟通，交谈的内容、姿态、表情及许多不被人察觉的因素，都可能阻碍交谈。面试者在交谈中不要心不在焉、自我炫耀、居高临下、搔首弄姿、节外生枝、打断对方、质疑对方、补充对方、纠正对方等，要认真倾听，坦诚交流，尊重面试官，做一个有教养的求职者。[①]

应用案例

功夫不负有心人

小林在校读书期间，听学长、学姐说就业面试不容易，所以小林在毕业之前做了一些准备工作，在网络上查阅大量面试资料，不断学习，提升面试知识和技能。

毕业时，小林投了两家招聘单位，并积极准备面试，可都石沉大海，没有结果。小林总结自己面试失败的根本原因，主要在于自己的知识储备不够扎实，对面试官提出的问题回答比较困难，面试时常处于"冷场"状态，自己表达的内容面试官似乎不太愿意听。于是小林参加了求职培训，才知道面试有太多学问，经过从面试前的准备、面试候场、面试过程、面试后等整个面试流程的模拟练习，小林提升了自己的面试技巧，尤其针对自己的短板，回答问题出现"冷场"的现象，不断突破自己，提升自己的交谈技巧。再次面试时，小林表现很自信，心态也非常好，回答问题应对自如，在交谈中也会灵活选择话题，在众多的竞争者中脱颖而出，顺利通过了面试，找到了适合自己的工作岗位，还得到面试考官的称赞。

---

① 杨茳，赵梓汝.礼仪师培训教程[M].北京：人民交通出版社，2007.

6.4 求职面试结束礼仪

6.4.1 面试结束时的礼仪

面试结束时的礼仪也是招聘单位考察录用人才的一个砝码。不管面试结果如何,在面试结束退场时,面试者要彬彬有礼,维护自己在整个面试中的形象,并努力在最后一刻给面试官留下良好印象,可能会给你带来意想不到的收获。

1. 适时告辞

从某种意义上讲,面试是陌生人之间的沟通。面试谈话时间的长短要视具体面试的内容而定。不要在招聘者结束谈话前表现出浮躁不安、急欲离去的样子。招聘者认为该结束面试时,往往会说一些暗示的话语,如"很感激你对我们公司这项工作的关注。""谢谢你参与我们公司的面试,我们一作出决定就会立即通知你。""你的情况我们已经了解了。你知道,在作出最后决定之前,我们还要面试几位申请人。"求职者听到诸如此类的暗示语之后,应该主动告辞。

2. 礼貌道别

在面试结束时,收拾好自己的物品,感谢面试官花时间同你面谈,与面试官致谢告辞,面带微笑,眼睛平视面试官,身体前倾,行 30°鞠躬礼。如果面试官伸出手与面试者握手,面试者应及时伸出右手与面试官握手道别。让面试官再一次感受到求职者的热情、爽朗、刚毅和果断,在退场的一瞬间也表现得优雅得体,自信离场。

3. 回顾总结

面试结束时,尽量把自己参加面试的所有细节记录下来。对自己在面试时遇到的难题进行回顾。重新考虑一下,如果面试官再一次向你提问时,该如何更好地回答这些问题。总结自己存在哪些欠缺,以便今后改进。

6.4.2 面试结束后的礼仪

面试结束并不意味着整个求职过程结束。接下来,还要等待用人单位的通知信息。面试主考官对求职面试者的记忆是短暂的,还有一些礼节礼貌需要求职面试者注意,加深用人单位或面试官对求职者的印象。

面试后的礼仪

1. 表示感谢

面试后,诚心实意地感谢面试主考官。一般在面试后的 1~2 天,主动给主考官打个电话或写封信表示谢意。面试后及时表示感谢是十分重要的,因为这不仅是礼貌之举,也会使主考官在做决定时对自己留有好印象,这往往可以增加求职成功的可能性。即使对方表示不予录用,也应通过各种途径表示感谢。

(1)打电话。一般而言,在面试结束后的 1~2 天,打电话表示感谢。打电话的最合适时间应该是对方方便的时间,一般为正常工作日的时间,电话感谢语言要精简,感谢主考官为你所花费的时间和精力,感谢他为你提供的各种信息等,最好不要超过3分钟,电话里不要询问面试结果。因为这个电话不仅是为了表现求职者的礼貌,还要让对方加深对你的印象。

（2）写面试感谢信。感谢信是求职者最后的机会,它能使你显得与其他求职者有所不同。感谢信的开头应提你的姓名及简单情况,以及面试的时间,并对主考官表示感谢,中间部分要重申你对该公司、该职位的兴趣,或增加一些对求职成果有用的新内容。结尾可以表示你对能得到这份工作的迫切心情,以及为公司的发展壮大做贡献的决心。

面试感谢信可以是电子邮件或书面感谢信。如果平时是通过电子邮件的途径和招聘单位联系的,那么在面试结束后,发一封电子感谢信,是既方便又得体的方式。

大多情况下还是写书面感谢信,特别是在面试公司非常传统的情况下,更应如此。书面感谢信最好用白色的A4纸,文字的颜色为黑色。内容要精简、整洁,最好不要超过一页纸,在书写方式上有手写和打字两种。打印出来的感谢信较为标准化,表示你熟悉商业环境和办公运行模式,但有时难免给人留下千篇一律的印象。如果想与众不同,或是想对某位给予你特别帮助的主考官表示感谢,手写则是最好的方式,前提是你的字要写得比较正规、美观。感谢信必须是写给某个具体负责人的,你应该知道他的姓名,不可以写模糊收件人。

2. 耐心等待

一般情况下,面试结束后,用人单位人事部门都会对面试材料和面试求职者综合情况进行汇总、讨论和筛选,最后确定录用人选等程序,求职者在这段时间一定要耐心等候消息,不要过早或频繁打听面试结果。一般来说,在面试两周后或在面试主考官许诺的通知时间已到,还没有收到对方的答复时,可以写信或打电话给招聘单位,询问是否已经做出决定,或者在网上查询面试结果。

电话询问时,要有礼貌。在通话的过程中,自始至终都要尊重通话对象,以礼待人,表现得有礼有节。按照标准的接打电话礼仪规范进行,将通话内容做好调整和准备,不忘致谢。如果被录取,应表示真诚的感谢。如果没被录用,此时情绪要非常稳定,应冷静、谦虚、热情地请教未被录用的原因,例如,"对不起,我想请教一下我没有被录用的原因,我好再努力。"可能赢得对方的理解,同时给你下一次的面试机会。需要说明的是,打电话询问面试结果,次数不应太多,如果招聘单位想聘用就会直接告诉你或及时联系你。过多的电话询问,适得其反,甚至会给人"骚扰""无聊"的感觉。

3. 接受录取通知

面临激烈的竞争,经过求职者的不懈努力和优秀表现,得到用人单位的认可,收到录取通知。在这个时候,求职者也要综合考虑录取条件,以礼待人,及时回应招聘单位。

1）录取条件考虑

当收到用人单位的录取通知时,可能会出现以下几种情况。

（1）录用的公司是你的第几选择。在艰难的求职过程中,如果被首选公司屡次拒绝后,择业可能会降低标准,甚至只要有相关的招聘都会投简历、面试。但需要思考的是"这份职业真的适合你吗？""你真的喜欢这份工作吗？""这份工作可以带给你什么？"在求职中,要避免走弯路,求职者应综合自身情况,做出科学的决策。

(2)录取条件与面试时是否一致。录取条件包括很多内容,如薪资待遇、福利、食宿、发展前景等。招聘单位给求职者的录取通知的岗位、面试谈及的条件是否一致,如招聘单位出现调剂岗位的,选择比较不错的求职者从事其他岗位的工作,与你原来参加的面试岗位不一致,或许对方安排的岗位并不是你的专业特长或你并不喜欢的,薪资待遇等方面也会有所不同。这时要冷静考虑,或寻求经验者的建议,并礼貌回复。

(3)同时面试上多家用人单位。在求职过程中,如果面试上多家用人单位,可能会出现选择问题,一般选择更适合自己的用人单位。把握机会是极为重要的,不能三心二意,摇摆不定,顾虑太多。结合自己的实际情况,选择最适合自己的用人单位,并及时回复其他招聘单位,说明原因,并表示感谢。

2)接受录取

收到你所心仪的招聘单位的录用通知是一件值得高兴的事情。自己的努力得到回报,要对招聘单位及时表示感谢。接下来,认真了解招聘单位、岗位工作。在正式报到之前,先对所要服务的公司有更深入的了解,这样在开展工作的时候就会顺畅很多。了解公司的方法很多,包括在面试时带回的公司简介、刊物,或企业形象方面的资料、企业网站等,有条件或可能的话最好进行实地全面考察。这会使你对公司的整体情况和运营有所掌握,会对你的新环境、新工作带来很大帮助。[1]

应用案例

书信的祝颂语

祝颂语分为两部分,写信时要根据收信人不同的身份角色选择搭配。第一部分如"恭请、敬请、顺祝、即颂"等,第二部分为"福安、金安、时绥、文祺"等。对父母可用"恭请福安",对师长可以说"敬请教祺",对平辈朋友可以说"顺祝时绥"等。

署名又称落款,一般在书信的最后一行。古代书信多为竖排,因此署名落在最下方,现代书信为横排,署名落在最右边。

资料来源:陈济.中华文明礼仪[M].北京:高等教育出版社,2017.

6.5 面试礼仪禁忌

1. 不准时到场

一般情况下,招聘单位会采取电话通知的方式明确面试的时间、地点和联系人。能够提前或准时出现在求职面试地点,是面试成功的前提条件。提前到达还可以有时间进行自我调适,稳定情绪、调整心态、平静自己的紧张心理,熟悉面试场景。不

面试过程中的禁忌

---

[1] 范礼.大学生礼仪修养[M].北京:中国铁道出版社,2017.

讲时间效率,不珍惜别人的时间,会在开始时就给面试官留下对面试不重视、没有礼貌等不好的印象。

2. 形象不得体

"细节决定成败。"在未开始交谈之前,面试官一般通过外部形象去认识面试者,第一印象的好坏主要来自外表。面试者仪容、着装、行为举止都要注意得体,恰到好处,为面试开启良好的开端。

在面试场合,妆容浓艳、不修边幅是不受欢迎的,服饰怪异或不相称、不搭配、不干净也会降低认同感,进门时不敲门、不打招呼,面试中慌里慌张、毫无表情,或四处张望,或嚼口香糖、抽烟,或面带疲倦、哈欠连天,或跷二郎腿,或窥视面试官桌上的稿纸、笔记,或不停地看手表,或面试顺利时得意忘形、大声喧哗,或面试过程中接听电话,离场不说谢谢等,这些最起码的礼貌都没有的行为是极为失礼的,会给人不重视面试的印象。无视规则,就会输掉比赛,面试官可能会因此结束面试。

3. 不切实际

找一份理想的职业是每个求职者的愿望,无可厚非。但美好的愿望应根植于自身素质和客观现实之上。审时度势、准确定位是求职成功的关键所在。眼高手低、好高骛远,是求职之大忌。对于一些大学生而言,并非找不到任何工作,而是由于对工作的期望值过高,盲目地追求一些脱离自身实际的"高工资、高待遇"的理想工作,在就业压力日益剧增的当下必然求职艰辛。

4. 不会倾听

在面试过程中,"聆听"是一种很重要的礼节。好的交流建立在"聆听"的基础上,不会听,也就无法回答好面试官提出的问题。在面试过程中,面试官的每一句话都非常重要,要集中精力认真听,要记住说话人讲话的内容重点,并了解他的希望所在。即使所面对的题目或追加的问题确实很难,也不要流露慌张,应认真听对方讲完题目。

聆听的过程中,目光注视面试者,可以保持微笑,也可以表情认真,适当地做出一些反应,如点头,表示出有兴趣。也可以一边听,一边做记录,但注意保持正确的坐姿。不要随意打断面试官的讲话,或随意转移话题,这会引起面试官的反感。更不要试图控制局面或支配话题,即使与面试官在观点上有分歧,也不要面露不满,甚至情绪激动,与面试官顶撞和辩论。在聆听对方谈话时,要自然流露出敬意,这才是一个有教养、懂礼仪的求职者的表现。

5. 盲目应试

面试应结合求职岗位和自身实际情况综合考虑,不要盲从,跟随其他同学应聘不适合自己的职位。面试者还要分清单位的性质和对求职者的要求,切不可以应聘企业、公司的准备去进行公务员或教育岗位的面试。

6. 与面试官"套近乎"

具备一定专业素养的面试官是忌讳与面试者套近乎的,因为面试中双方关系过于随便或过于紧张都会影响面试官的评判。聪明的面试者可以列举一两件有根据的事情赞扬招聘单位,从而表现出求职者对这家公司的重视程度和兴趣。

应用案例

素养来自日常积累

一家招聘公司到某高校开展现场招聘会,对应届毕业生进行面试。其中,有一个经理助理见习岗位,尽管应聘者都很自信地回答了考官们的问题,可结果都未被录用。这时有一位应聘者,进入面试时,他在门口蹭掉鞋底的泥,调整好形象,衣着整洁,头发整齐。敲门进入,回答问题果断,表现的懂礼貌、有教养。看到地毯上有一个纸团,这位应聘者捡起纸团,准备将它扔进垃圾桶。这时主考官说:"你好,同学,请你打开看看捡起的纸团吧!"这位应聘者迟疑地打开纸团,只见上面写着"热忱欢迎你到我们公司任职"。

"不积跬步,无以至千里。"几年后,经过不断磨炼,这位捡纸团的应聘者成为这家公司的优秀管理者。

应用案例

个人形象成就职场成功

陈瑶是武汉某高职院校旅游管理专业的一名专科生。大三时,陈瑶参加了一家五星级酒店的面试,成功地从众多重点大学本科生,甚至研究生中脱颖而出,成为当年为数不多的得到该酒店入职通知的幸运儿之一。并且经过半年多的努力,陈瑶在这批新员工中率先升职为部门主管。

新学期之初,作为优秀毕业生,陈瑶应邀参加了母校的经验交流会,在学弟、学妹们羡慕的目光中,她道出了自己成为"普通人中的幸运者"的秘诀:注重形象,胜在细节。讲到面试当天的情景,陈瑶用平实的语言描述着:"面试那天,我早早地起了床,梳洗后很快化了一个使自己显得很有精神的淡妆,然后梳了一个清新大方的发型,穿上借来的酒店管理者工作服,带上简历及相关材料就出门了。提前半小时到达后,我观察了陆陆续续赶来的风尘仆仆的其他面试者,发现他们中有的头发凌乱,有的穿着随便,且大多数女性面试者没有化妆。我想我有戏了!为什么呢?因为我觉得自己虽然长相普通,但注意了个人形象,尤其是看到自己的形象和酒店员工差别不大时,我更找到了自信,后面的环节就更顺利了。"

资料来源:于丽娟.旅游服务礼仪实训教程[M].北京:经济管理出版社,2015.

本章小结

(1)面试是通过书面、面谈或线上交流(视频、电话)的形式考查一个人的工作能力与综合素质,通过面试可以初步判断应聘者是否可以融入自己的团队,是一种经过组织者精心策划的招聘活动。在特定场景下,以面试官对应聘者的交谈与观察为主要手段,由表及里测评应聘者的知识、能力、经验和综合素质等的考试活动。

(2)本章立足大学生应该掌握的面试礼仪规范,培养大学生运用面试礼仪的能力。面临激烈的竞争,求职毕业生在面试时应具备良好的应聘心理,制作简洁美观、重点突出的个人简介,设计精简的自我介绍,塑造良好的形象,提升良好的职业素养,是面试者在求职中面试成功的重要前提。

（3）本章旨在通过对面试礼仪的学习，培养大学生运用面试礼仪规范，展示出良好礼仪素养，加强面试前自荐材料、自我介绍、心理调适、面试技巧、面试形象设计的准备，通过对面试的模拟演练，提高面试成功率。

复习思考

一、知识问答

1. 在参加面试之前，需要做哪些准备？

2. 为什么面试前需要了解用人单位信息？包括哪些内容？

3. 面试者积极良好的心理准备包括哪些内容？

4. 面试时，着装需要注意什么？

5. 面试中与招聘人员交谈应注意哪些问题？

6. 面试结束后有哪些礼仪要求？

二、实践训练

1. 模拟训练。

实训项目：系领带实训。

实训目的：掌握系领带的方法和搭配技巧。

实训内容：配合领形及西装颜色尝试各种领带的系法和搭配。

实训要领：

（1）领带要与衬衫、西装的颜色相协调。一般为同色系或相近色，与西装和衬衫的搭配应有层次感，一般以深浅色调搭配为原则，应选择衬衣和西装的中间过渡。

（2）领带结的大小随衬衣领的宽窄而变，衬衣领角越大，领带结越大；衬衣领角越尖，领带结越小。系领带时领结要饱满，与衬衫领口的吻合要紧。

（3）领带的系法主要有平结、双环结、温莎结、半温莎结、交叉结、双交叉结等。可酌情使用领带夹、领带针和领带棒等领带佩饰。

（4）领带系好后，两端应自然下垂，上面宽的一片必须略长于底下窄的一片，而不能相反。领带长度至皮带扣为宜。

（5）穿西装上衣系好衣扣后，领带应处于西装与衬衫之间。如衬衫外面穿马甲背心，则须将领带置于马甲背心内。

2. 模拟训练。

针对用人单位求职岗位，结合自身实际情况，制作并编写一份精美的求职简历。

3. 模拟训练。

针对用人单位求职岗位，结合自身实际情况，撰写一份中英文的自我介绍，并模拟面试现场做自我介绍，注意表情、手势等无声语言的合理运用。

4. 模拟训练。

熟悉及运用面试礼仪规范。模拟面试前候场、进入面试场地、与面试官问候见面、自我介绍、回答提问、离开面试场地的整个流程。

CHAPTER SEVEN

第 7 章 大学生礼仪知识拓展

教学目标

◆ **思政目标：**

培养文化自信和爱国素质，使大学生具有人文精神和团结精神，成为传播礼仪的文化纽带。

◆ **知识目标：**

掌握中国传统节日礼仪、疫情礼仪、网络礼仪、志愿者服务礼仪等相关知识及正确使用规范。

◆ **能力目标：**

拓展及运用中国传统节日礼仪、疫情礼仪、网络礼仪和志愿者服务礼仪知识，提高思想意识，增强传统文化自豪感，做到文明有礼，注重言谈举止，增进与他人的沟通和互信，从而不断加深友谊。

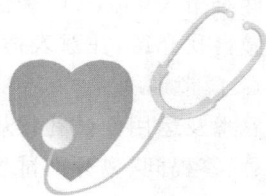

7.1 中国传统节日礼仪

我国的传统节日内容形式丰富多彩,凝聚着中华传统文化精华。汉族地区民间传统节日按一年的时间顺序主要有春节、元宵节、清明节、端午节、中秋节、重阳节、腊八节等。其中,春节与清明节、端午节、中秋节并称为"中国四大传统节日"。

1. 春节

春节即中国农历新年,又称"新春""过年",是中华民族最隆重的传统节日。从农历正月初一开始,至正月十五结束。古代的春节叫元旦、元日、新年。中华人民共和国成立后,将农历正月初一正式定名为"春节"。

春节和元宵节

民间迎接过年的方式多样,庆祝的活动丰富,带有浓郁的地域特色。主要有备年货、扫尘、祭灶、贴春联、贴门神、贴福字、贴年画、贴窗花、贴灶公、剪纸、放鞭炮、包饺子、年夜饭、拜年、守岁、压岁钱、看焰火、点蜡烛、点旺火、赠送贺年片、舞狮子、耍龙灯、演社火、庙会等习俗。人们以此来除旧布新、驱邪消灾、纳福祈年等。春节民俗经国务院批准列入第一批国家级非物质文化遗产名录。受中华文化的影响,世界上一些国家和地区也有庆贺新春的习俗。

2. 元宵节

元宵节是农历正月十五,又称"上元节""元夕节""花灯节",是汉族每年的第二个传统节日,也是庆贺新春的延续。元宵节起源于汉朝。正月是农历的元月,古人称夜为"宵",正月十五是一年中第一个月圆之夜,所以称正月十五为元宵节,它寄托着人们祈求新年圆满顺遂的心愿。基本上全国各地都过,在这一天活动很丰富,主要有吃元宵、闹花灯、猜灯谜、放烟花等民俗活动。此外,不少地方还有耍龙灯、踩高跷、舞狮子、划旱船、扭秧歌、打太平鼓、唱大戏等传统民俗表演。元宵节选入第二批国家级非物质文化遗产。

3. 清明节

清明节在公历每年的 4 月 5 日前后,又称"踏青节""三月节""祭祖节"等,是汉族的传统节日,也是重要的祭祀节日,属于礼敬祖先、慎终追远的一种文化传统节日,凝聚着民族精神,是中华民族自古以来的优良传统。清明这一天人们有扫墓祭祖、踏青春游、放风筝、植树、插柳、荡秋千、斗鸡、做假花、拔河等习俗活动。

其他传统节日礼仪

清明也是我国的二十四节气之一。劳动人民自古以来就以节气安排农事活动,这个节气与农业生产有着密切的关系,有"清明前后,点瓜种豆""植树造林,莫过清明"的农谚。清明节经国务院批准列入第一批国家级非物质文化遗产名录。

4. 端午节

端午节在农历五月初五,又称"端阳节""龙舟节""重午节",是中国民间的传统节日,这个节日的真正起源是古代华夏人对传说中的祖先——龙的祭礼活动。

关于端午节的由来,传说甚多,其中在民间流传最广、影响力最深的说法是为纪念楚国诗人屈原于五月初五投身汨罗江自尽,屈原的爱国精神和感人诗词深入人心。故人们"惜而哀之,世论其辞,以相传焉"。千百年来,盛行不衰。人们庆祝端午节活动多样,主要有吃粽子、赛龙舟、挂艾草与菖蒲、放纸鸢、戴香包、洗草药水、拴五色丝线、挂葫芦、驱五毒、饮雄黄酒、跳钟馗等习俗。端午文化在世界上影响广泛,世界上一些国家和地区也有庆贺端午的活动。国务院将其列入首批国家级非物质文化遗产名录,端午节是中国首个入选世界非遗的节日。

5. 中秋节

中秋节在每年农历八月十五,又称"祭月节""秋节""仲秋节""月亮节""团圆节",是中国民间的传统节日。在中国人心目中,中秋是一个象征团圆的节日,以月之圆兆人之团圆,寄托思念故乡、思念亲人之情,祈盼丰收、幸福,寄托着人们对生活无限的热爱和对美好生活的向往。"每逢佳节倍思亲",即使远在异地他乡,中秋节的明月也能带去亲人的缕缕相思与祝福。中秋佳节主要有祭月、赏月、吃月饼、玩花灯、猜谜、赏桂花、饮桂花酒等民俗,自古传承,至今不辍。国务院将其列入首批国家级非物质文化遗产名录。受中华文化的影响,中秋节也是东亚和东南亚一些国家尤其是当地的华人华侨的传统节日。

6. 重阳节

重阳节在每年农历九月初九,又称"祭祖节""登高节""敬老节",是中国传统节日。古人认为是一个值得庆贺的吉利日子,唐诗宋词中有不少贺重阳、咏菊花的诗词佳作。重阳祭祖民俗相沿数千年,在历史发展演变中又杂糅多种民俗为一体,承载了丰富的文化内涵。民间在重阳节有登高祈福、秋游赏景、观赏菊花、佩插茱萸、放纸鸢、拜神祭祖、吃重阳糕、饮菊花酒、享宴祈寿、感恩敬老等习俗。登高赏秋与感恩敬老是当今重阳节日活动的两大重要主题。在民俗观念中"九"在数字中是最大数,有长久长寿的含意,寄托着人们对老人健康长寿的祝福。重阳节被国务院列入首批国家级非物质文化遗产名录。

7. 腊八节

腊八节在每年农历腊月初八,又称"法宝节""佛成道节""成道会",是汉族的传统节日,也被视为春节的前奏,意味着拉开了过年的序幕。本为佛教纪念释迦牟尼佛成道之节日,后逐渐成为民间节日。

腊八节有吃"腊八粥"的习俗。腊八粥又称"七宝五味粥""佛粥""大家饭",是一种由多样食材熬制而成的粥,各地腊八粥的品种繁多,争奇竞巧。我国喝腊八粥的历史已有 1000 多年。此外,各地还有做腊八醋、腊八蒜、吃冰、腊八豆腐、腊八面等习俗。

📖 应用案例

老北京的春节习俗

"糖瓜祭灶,新年来到,姑娘要花,小子要炮,老头儿要一顶新毡帽!"老北京人过年,一般从"腊八"开始,一直延续到元宵节后。

旧时北京的一首民谣中说:"老婆老婆你别谗,过了腊八就是年;腊八粥过几天,漓漓拉拉二十三；二十三糖瓜粘，二十四扫房日，二十五做豆腐，二十六去割肉，二十七宰年鸡，二十八把面发，二十九蒸馒头，三十晚上闹一宿，大年初一去拜年。"

腊月初八，家家熬腊八粥，传说这天为佛祖得道之日。当年释迦牟尼用钵化缘，化得五谷杂粮充饥，后人为了纪念他，在每年的腊月初八也用多种米、豆熬粥供佛。

腊月二十三，又称"小年"。这天家家户户都要举行祭灶仪式，人们在灶君神像前供上关东糖、清水和秣草，送灶君爷"上天"。人们如此尊重这位灶君，是为了让他"上天言好事，下界保平安"！

祭灶之后，人们开始准备过年。家家都要彻底清扫，准备干干净净过新年。门上贴门神，门框上贴春联，门楣上挂"挂笺"，门前插芝麻秸，屋内窗上贴剪纸，墙上贴年画。

除夕和初一是春节的高潮。当时的旧俗很多，既不许动剪刀，也不许说不吉利的话。除夕之夜大街小巷不时传来"送'财神爷'的来了"声音，于是家家户户都有人跑出门外，以几枚铜圆请过"财神爷"，在家里面恭恭敬敬地供起来。除夕之夜，照例不睡觉，叫作"守岁"。大家围炉共坐，笑语喧阗，喜上眉梢，欢腾室内，小孩子们则在街上放鞭炮。夜半子时，合家坐到一起吃"更岁饺子"，即开始了新的一年。

北京春节期间，另一番盛况就是庙会和民间组织的各种花会。旧时的北京城内及郊区，共有700余座庙宇，春节期间，大小庙宇均向香客、游人开放。在庙内及门前设有集市，称作庙会，北京庙会以白云观、大钟寺、东岳庙等处最为著名。郊区的花会在春节期间最为活跃，几乎村村都有，花会表演的项目繁多，有高跷、旱船、太平鼓、秧歌、幡会、狮子、小车、竹马等。有些村子还要搭上大棚，悬灯结彩，表演各种节目。

喜气洋洋的气氛，五颜六色的年画，噼啪作响的鞭炮和人们暖融融的心情交织在一起，给人们带来了欢乐和温暖。

资料来源：吴忠军.中外民俗[M].大连：东北财经大学出版社，2018.

7.2 疫 情 礼 仪

知礼守礼是中华民族的传统美德。疫情防控期间，牢记责任，齐心协力，文明礼仪被大力提倡，在复课学习之际，文明细节从点滴小事做起，大学生应加强个人卫生防护，养成良好生活习惯，做一个知礼懂礼的大学生，让文明在全社会、全校园蔚然成风，一起重塑健康礼仪。

1. 出行礼仪

大学生在开学返校、放假回家的过程中，严格按照飞机、高铁、客运车等交通工具可携带物品规范准备好口罩、消毒用品等防疫物品。佩戴的口罩要及时更换，保持干净卫生。途中做好个人防护，以免增加传染风险。不要随地吐痰，咳嗽、打喷嚏时注意用纸巾或手肘遮住。遵守管理部门的防疫规定，听从工作人员的指令进行排查检测。乘坐公共交通工具时适当保持安全距离，注意开窗通风，尽量不要用手触摸车门、扶手、座位等公共部位。出行返校或到家后对行李箱等物品进行消毒，及时洗手，尽快洗澡换衣。

2．见面礼仪

口鼻戴"礼"。古时宫廷有人为了防止粉尘和口气污染而用丝巾遮盖口鼻。比如,《礼疏》中记载"掩口,恐气触人",《孟子·离娄》记载"西子蒙不洁,则人皆掩鼻而过之"。

戴口罩,防感染,保护自己,也对他人负责。尽量减少外出,外出规范佩戴口罩,预防疾病发生。口鼻是病菌进入体内的主要关口,在与他人见面时选择合适的口罩进行防护是必要的礼仪。医用口罩尤其是外科口罩能挡住大部分含有病毒的飞沫,大学生在使用口罩时应注意:①佩戴正确,保持卫生;②口罩的外层往往积聚着很多外界空气中的灰尘、细菌等污物,口罩应及时更换使用;③在防护外界病菌的同时,也不要给自己的身体造成不适;④在公共场所、人流量集中的地方尤其应注意佩戴好口罩。

3．招呼礼仪

（1）拱手礼。在防疫期间,打招呼可以行拱手礼,代替握手礼、拥抱礼。手部尤其是手掌的汗腺最为发达,容易携带病菌,成为传播疾病的主要媒介,应减少接触。

在我国古代,人们相见时双手拱于胸前,不仅体现了我国古时的文明礼仪,在防疫期间也减少接触的机会,构成了一道无形的屏障。林语堂先生曾说过,中国人传统的见面礼仪比西洋人的卫生,因为中国人是"握"自己的手（拱手）,不必去握别人的手。施拱手礼,保护自己,健康他人。

（2）其他礼仪。大学生在与他人打招呼时,根据不同场合以及交往对象的不同,还可以采用微笑礼、招手礼、鞠躬礼、点头礼等。

4．交谈礼仪

（1）适度间距。在与他人交谈时,应保持一米以外的安全距离。尤其是在公共场所,对于疫情防控更有其现实意义。因此,要保障疫情中的安全与健康,同学们应保持一米见"礼"的交谈礼仪。

（2）遮掩得当。打喷嚏、咳嗽用手直接遮掩口鼻,沾满口沫的双手常常会变成病菌迅速传染的"温床",如果没有马上清洗手部,可能传染给别人。

咳嗽、打喷嚏掩捂口鼻,可以用手肘衣服或纸巾掩住口鼻,防止飞沫传播。手肘与他人密切接触的概率比双手低,做好"保护自己也保护别人"的重要礼仪。

5．就餐礼仪

大学生在就餐期间,应排队有序,保持间距,就餐安静,避免交谈。《论语》有言"食不语,寝不言",说的就是吃饭的时候最好不要说话,不要发出声音吵到别人,否则既会影响食物的消化,不健康,又容易造成食物喷溅,非常不礼貌,更糟糕的是会造成疾病的传播。在防疫的特殊时期,更应该发扬传统就餐礼仪,安静就餐。

6．手护洗"礼"

手部是与外界接触最为广泛的部位之一,增加了传播传染性疾病的机会。大学生要养成勤洗手的习惯,以减少传染病的传播。可以用七步洗手法清洁手部:第一步洗手掌,第二步洗背侧指缝,第三步洗掌侧指缝,第四步洗指背,第五步洗拇指,第六步洗指尖,第七步洗手腕、手臂。双手交换进行清洗,特别要注意彻底清洁手部佩戴的饰品,防止病菌"藏污纳垢"。

7. 鞋底托"礼"

鞋底每天与地面紧密接触,且流动性强,如果不注意卫生,势必会成为一种可怕的"隐形"污染源,充当扩散传播疾病的重要媒介。因此,讲究鞋底卫生、减少鞋底污染很有必要。大学生应注意进入寝室门前先换鞋,适时清洗鞋底,清洗时最好戴上手套,使用消毒液,刷完鞋底的刷子需要妥善处理。此外,特殊场所,如计算机房、实验室、实训室等,提倡使用一次性鞋套,并处理好鞋套。

应用案例

抗疫期间的英雄故事

李兰娟,中国工程院院士,中国感染病学家,主要从事传染病临床、科研和教学工作,擅长各类肝炎、感染性疾病、新发突发传染病诊治。在 2003 年非典型肺炎肆虐时期,她提出系列的防治措施,为浙江取得抗击"非典"胜利发挥了关键性作用。

在春运临近高峰,武汉疫情呈蔓延趋势时,她顶着压力,几度建议"封一座城,护一国安康"。党中央迅速采纳了她的建议,有效遏制了病毒的扩散,这一举措不知让多少人保住了健康和生命。

73 岁的李兰娟院士还主动请缨,进驻武汉,和武汉的医护工作者一起接诊病人。70 多岁的老人,一连七天每天只睡三个小时,她怕一眨眼,鲜活的生命会从她指间溜走。

她抢在时间的前面,率先推出阿比朵尔、达芦那韦治疗新冠肺炎,有效抑制了新冠肺炎病毒。她为了尽快找到"对症下药"的疫苗,率领科研团队,日夜兼程。

她是我们生命的守护神。

资料来源:http://www.wenxm.cn/zuowen/chuyi/241011.html.

7.3 网 络 礼 仪

网络礼仪是网络中人们交往的方式,是保证网上人们正常交往和相互理解的重要手段,也是判别网民是否文明礼貌的行为标准。大学生使用网络,应按网络的"方式"行事,在网上表现出对他人应有的礼仪,与他人友好相处,这是起码的道德要求。

网络礼仪主要包括招呼礼仪、交流礼仪、表达礼仪、文明礼仪。这些礼仪在网上约定俗成,而且不断发展。

1. 招呼礼仪

在互联网虚拟世界中,大学生通过隔屏交流,要注意网上礼貌问候与称呼。在网上与他人交流时,应注意用语规范,文明礼貌。另外,网络上有自身独特的语言符号系统,例如,表情符号,表示微笑、问候的动画图片等,要针对不同对象正确选择使用。网上由于很多时候看不见对方,但网上与网下树立好大学生的形象同等重要,应表现出大学生的礼仪修养。

2．交流礼仪

网络成为人们交流和沟通的重要媒介,网络上的交流渠道丰富多样。

（1）E-mail 礼仪。比尔·盖茨在《未来之路》中说："现在,E-mail 成为交换信息的最主要的工具。"大学生广泛运用 E-mail 发送各种信息,如大学生向求职单位发送个人简历,向任课教师发送作业,向同学发送文件等。

发送 E-mail 一定要慎重,E-mail 内容可以作为法律证据。邮件信息不要太冗长,这样不易引起别人的注意,别人也没有耐心看下去。

发送附加文件要考虑对方能否阅读。有几个文件时,可以发送压缩文件。附加文件命名要清晰,一目了然。还要注意开头的问候语和结尾的祝福语。

（2）其他社交工具。大学生涉及较多的社交工具有 QQ、微信、钉钉等,班级各种信息的传达主要依靠这些软件工具,在使用这些工具时,大学生要做到文明言辞、文明行为,树立好自己的个人形象。

随着网络的快速发展,在社交平台分享日常已成为大学生的习惯。每个人在分享中贡献信息,推动了整个互联网信息的快速流动,大家可以随时随地即时分享自己的所见所闻,一张照片能在几秒内传播到任何地方。因此,大学生一定要提高安全意识,做好自我保护,保护好个人隐私。

3．表达礼仪

（1）尊重别人。互联网给予来自五湖四海的大学生一个共同的地方聚集,这是高科技的优点,但往往也使我们面对着荧屏,忘了自己是在跟其他人打交道,自己的行为也因此容易变得粗劣和无礼。大学生应该让自己的网上行为与现实生活是相同的,尊重网上的道德和法律,尊重他人的隐私。

（2）尊重自己。让自己在互联网上给别人留下好印象。由于网络的匿名性质,别人无法看到你的外观,而主要通过你的一言一语来判断你。如论坛发帖前要仔细检查语法和用词,不要故意挑衅和使用脏话。

（3）乐于分享。分享自己知道和熟悉的知识。除了回答问题以外,还包括当你提了一个有意思的问题得到很多回答,特别是通过电子邮件得到以后,可以写份总结与大家分享。

（4）学会宽容。在网络上,大家都曾经是新手,都会有犯错的时候。当看到别人写错字,用错词,问一个低级问题或者写篇没必要的长篇大论时,不要在意,不要去发酵,学会宽容他人,也可以通过一些渠道私下给出真诚的建议。

4．文明礼仪

文明礼仪,是人类为维系社会正常生活而要求人们共同遵守的道德规范。文明礼仪,不仅是大学生素质教养的体现,也是大学生道德和社会公德的体现。大学生应让文明礼仪成为一种习惯,一种时尚。

（1）遵纪守法。当下,网络遍布于社会、校园的各个角落,虚拟空间也要遵纪守法,网络空间用于传播文明,给予大学生提供良好学习的空间环境,对于所需查找的内容和相关网址,应提前做好准备,有明确的目标,以便上网后直奔"主题"。网络空间涉及交友、诈骗、争论等问题,大学生要提高意识,懂得甄别和自我保护。

（2）用语文明。大学生在网上与他人交流时,虽然隔屏交流,但要树立好自己的个人形象。网名健康,网络语言要文明,用语规范,礼貌问候与称谓,陈述有理有据,语言知情达理,不能以为别人看不到自己而随便发表言论。

（3）自我保护。为维护自身形象、学校形象,不要以学校或学院名义在网上任意发表个人对时事的见解,在使用网络时不能泄露机密。不要随便在网上留下学校电话、个人联系方式、个人消息,以免被骚扰。

（4）不侵权力。个人权利受保护,传播信息不要侵权。网络信息传播速度快,需要谨慎,保护隐私,避免在网络上透露与个人相关的内容。不随意复制和使用标明版权的文字资料和图片,若确需引用应注明原作者和出处。

（5）不传谣言。在网络上,不要跟风,不传谣言,不编谣言,自觉抵制不良信息,对于利用网络犯罪的事实可向公安机关举报。对于自己不确定的信息应当审慎甄别,如不确定其真伪,不要随便转发,避免谬误流传。做一个诚实守信的大学生,善于运用文明语言的大学生。

高校大学生是网络社会的主力军,随着"互联网＋"和大数据的迅猛发展,网络文明教育在高校各项工作中至关重要。网络生活中看似微不足道的不文明行为,影响却是巨大的。做一名讲文明、守秩序的大学生,我们的社会、校园才会更加和谐美好。

应用案例

大学生网络安全常识

随着电子产品的普及,大学生越来越早地接触电子产品,其中,计算机是比较常见的设备,现在大学生上网越来越年轻化,上网可以给大学生带来课本上学不到的知识,但是它的弊端也很大。大学生要掌握一些网络安全常识。

1. 上网查阅信息
（1）每次在计算机屏幕前工作不要超过1小时。
（2）眼睛不要离屏幕太近,坐姿要端正。
（3）屏幕设置不要太亮或太暗。
（4）适当到户外呼吸新鲜空气。
（5）不要随意在网上购物。

2. 密码安全常识
（1）设置足够长度的密码,最好使用大小写混合加数字和特殊符号。
（2）不要使用与自己相关的资料作为个人密码,如自己的生日,电话号码,身份证号码,门牌号,姓名简写,这样很容易被熟悉你的人猜出。
（3）不要将所有的口令都设置为相同的,可以为每一种加上前缀。
（4）经常更换密码,特别是遇到可疑情况的时候。

资料来源：https://www.bbaqw.com/cs/278151.htm.

7.4　志愿者服务礼仪

志愿者(volunteer)联合国定义为"自愿进行社会公共利益服务而不获取任何利益、金钱、名利的活动者"。具体是指在不为任何物质报酬的情况下,能够主动承担社会责任而不获取报酬,奉献个人时间和助人为乐行动的人。

根据我国的具体情况,志愿者是这样定义的:在自身条件许可的情况下,参加相关团体,在不谋求任何物质、金钱及相关利益回报的前提下,在非本职职责范围内,合理运用社会现有的资源,服务于社会公益事业,为帮助有一定需要的人士,开展力所能及的、切合实际的,具有一定专业性、技能性、长期性服务活动的人。

随着我国承办国际大型体育赛事和活动的增多,大学生健康、积极的形象更多地出现在了这些大型活动中,如 2008 年北京奥运会、2022 年北京冬奥会,赛场上下都出现了中国大学生志愿者美丽、健康、热情的身影,他们在为活动提供周到服务的同时也展示着属于当代大学生的风采。在抗疫的战场上,也出现了很多大学生志愿者的身影,他们用实际行动诠释青春无悔,彰显青春本色,书写抗疫阻击战中的最美青春故事。

在平时校园中,不是每一个大学生都有机会成为各种大型活动的志愿者,但在大学校园或所在的城市,还是有很多机会参与各种活动的,大学生要积极主动报名参加志愿者活动,这样的实践机会对我们的全面发展是有很大帮助的。

1. 志愿者礼仪

在进行志愿服务的时候,要注意以下礼仪。

(1) 统一着装,整洁端庄。主办城市的活动志愿者,应穿着由组委会统一提供的服装,妆容健康端庄、落落大方,不可浓妆艳抹。除一般情况下统一着装外,应根据工作需要,按照特定的场合调整自身装束和妆容,如参加招待酒会或正式会谈的服务工作,按规定着装。

(2) 心态健康,热情大方。要保持良好的精神面貌,在任何条件下都要调整好自己的心态,真诚奉献、不求回报,始终满腔热忱地做好服务工作。

(3) 与人相处,注重礼让。自觉服从领导和调配,志愿者与工作人员之间,志愿者之间要相互尊重、团结协作,体现出团队合作的整体效应。

(4) 尊重对方,按需服务。了解赛事中出席的国内外宾客不同的宗教信仰、文化背景和风俗习惯,在服务中尊重他们,做到友好、礼貌和谨慎,站在他们的角度考虑,按照他们的需要服务,使来自世界各国的参赛人员感觉舒适。在志愿服务中做到接受、重视并恰如其分地赞美服务对象。重视服务对象,牢记服务对象的姓名,善用服务对象的尊称,倾听服务对象的需求。

2. 志愿者精神

除要懂得志愿者礼仪外,还要明白志愿者精神。志愿者精神是指一种互助、不求回报的精神,它提倡"互相帮助、助人自助、无私奉献、不求回报"。志愿者凭借自己的双手、头脑、知识、爱心开展各种志愿服务活动,无偿帮助那些需要帮助的人。

(1) 奉献精神。奉献指恭敬地交付、奉献,即不求回报地付出。奉献精神是高尚的,是志愿服务精神的精髓。

（2）友爱精神。志愿服务精神提倡志愿者欣赏他人、与人为善、有爱无碍、平等尊重，这便是友爱精神。

（3）互助精神。志愿服务包含深刻的互助精神，提倡"互相帮助、助人自助"。

（4）进步精神。进步精神是志愿服务精神的重要组成部分，志愿者通过参与志愿服务，使自己的能力得到提高，同时促进了社会的进步。

志愿者精神是当代大学生在参与活动和社会交往中都可以学习和提倡的精神，它让我们懂得付出的价值和助人的快乐。

应用案例

"冰雪一代"展示开放包容的中国

能够参加北京冬奥会、冬残奥会的志愿服务工作，是人生难得的机会。

来自北京第二外国语学院的申奥，从小就有一种"奥运情结"。申奥出生于 2001 年，那一年恰逢北京成功申办 2008 年奥运会，父母就为她起了这个充满寓意的名字。"这是一种特别的缘分，好像自己注定要为奥运做点什么。"作为国家雪车雪橇中心志愿者中的一员，申奥出色地完成了任务。闭幕式当天，她给父母发送信息："今晚我为自己感到骄傲！"

2008 年北京奥运会时，清华大学博士研究生余中淇还是一名小学生。为了帮助外国小朋友了解北京，他准备了大段的英文资料，介绍北京的长城、京剧、烤鸭。这一次，作为冬奥志愿者，他准备了全新的"中国故事"：讲 5G、讲高铁，讲一个不断发展、日新月异的中国。

来自中国香港的北京大学志愿者李嘉馨，冬奥赛时在"冰立方"担任礼宾与语言服务领域的志愿者。她始终认为，在全球疫情阴霾尚未消退的情况下，办好北京冬奥会，本身就是讲好中国故事的具体体现。"我们每个人都在以行动向世界展示中国形象。"

"我们要用最热情的服务和最灿烂的笑容让大家感受到春天般的温暖，用行动告诉大家，中国是热情好客的。"来自北京工业大学的王雪纯说。北京冬残奥会闭幕式上，国际残奥委会运动员委员会新当选委员为她戴上"雪容融"挂饰，向广大志愿者表示感谢。

在 1.8 万余名冬奥志愿者中，94% 是 35 岁以下的年轻面孔。这些"冰雪一代"身上，体现了中国的发展和进步，展示了中国的包容和自信。"新一代志愿者更有国际范儿，也更加自信、活泼。"国际奥委会副主席黄思绵评价道，冬奥志愿者充分展现出新时代中国青年朝气蓬勃的形象。

资料来源：北京日报客户端.

应用案例

再造礼仪之邦，让文化自信直抵人心！

当我们迎来中华民族伟大复兴的光明前景之际，一大重要任务就是再造礼仪。今日中国所需要的礼仪,必须要打通历史、现在和未来,必须要创造性转化、创新性发展,必须是一套承古纳今、与时俱进,面向世界、面向未来、面向现代化的新规程。

毫无疑问,今日中国之"礼",其内涵和外延扎根于中国特色社会主义先进文化,其本质内核就是社会主义核心价值观。当下,重视仪式,规范仪式,倡导仪式感,不可或缺,愈显紧要。

国家和民族需要仪式感来加深文化认同。正如有学者所言,"文化传统的延续,集体通过规范和价值实现一体化,以及一代又一代人的不断社会化。"唯有在时间的坐标系中保持仪式感,让仪式充分发挥承载文化符号的功能,才能涵养我们的文化自信,使我们在现代化的快车上不迷失、不盲从。才能巩固我们自己的文化自觉,不断增强整个民族的凝聚力、向心力。

每个人也需要仪式感来加深生活认同。每个人的生活大多是平淡无奇的,人生长河中的每一天也很少有质的不同,但正因为有了一个个仪式的节点,生命历程也多了一些格调和意义。那些带着仪式意味的行为,促使我们放慢脚步,回归生活,仔细品味生命的美好和温暖。借着仪式感,我们也让生活色彩丰富一些,让日常生活在"柴米油盐"之外多了一些不同的体验。

其实,仪式感不仅存在于一些盛大活动中,也体现于日常小事之中,更是一种心态上的认真对待和敬畏感。再小的事,只要带着仪式感去做,就能保持一份敬畏感,甚至获得一些超越性的价值。

历久弥新的文化传统,永远是我们的精神原乡,而中华文化之薪火相传,最根本的还是要浸润到从国家民族大事到每个人日常生活的点点滴滴之中去。扎根我们的历史文化土壤,再造中华礼仪之邦,激发当代中国应有的仪式感,让文化自信直抵人心,我们今天的每一个中国人都责无旁贷,我们都要勇敢担当!

资料来源:吴忠军.中外民俗[M].大连:东北财经大学出版社,2018.

本章小结

(1)传统节日的形成过程,是一个国家的历史文化长期积淀凝聚的过程。传统节日有深沉的历史感,有很强的内聚力和广泛的包容性,与各民族源远流长的悠久历史一脉相承,是一份宝贵的精神文化遗产。

(2)知礼守礼是中华民族的传统美德。疫情防控期间,大学生应加强个人卫生防护,养成良好的生活习惯,做一个知礼懂礼的大学生,让文明在全社会、全校园蔚然成风,一起重塑健康礼仪。

(3)大学生使用网络,应按网络的"方式"行事,在网上表现出对他人应有的礼仪,与他人友好相处,这是起码的道德要求。

(4)在志愿者服务中,大学生要提倡志愿者精神,要懂得付出的价值和助人的快乐。

(5)本章意在通过对中国传统节日礼仪、疫情礼仪、网络礼仪和志愿者服务礼仪的学习,让大学生拓展交往中必备常识礼仪,从而成功地与交往对象建立良好的关系。

复习思考

一、知识问答

1. 我国传统节日的由来及风俗是怎样的？

2. 怎样看待"生活中不可无节日,节日里不可无活动"这句话？

3. 大学生应注意哪些疫情礼仪？

4. 学习网络礼仪知识在大学生的交际活动中有什么重要意义？

5. 志愿者礼仪主要有哪些具体的要求？

6. 什么是志愿者精神？

二、实践训练

1. 以"疫情礼仪"为主题,组织大学生就地考察和收集抗疫英雄事迹,并撰写一份心得收获。

2. 以"网络礼仪"为主题,组织大学生演讲与讨论活动。

3. 以"我是学校形象代言人"为主题,写一封倡导大学生都能成为言行一致的当代青年楷模的倡议书。

参 考 文 献

［1］范礼.大学生礼仪修养［M］.北京：中国铁道出版社,2017.

［2］魏雪,常瑛.礼仪与修养［M］.2 版.北京：电子工业出版社,2014.

［3］张文.礼仪修养与实训教程［M］.广州：华南理工大学出版社,2009.

［4］刘小清.现代营销礼仪［M］.2 版.大连：东北财经大学出版社,2006.

［5］艾建玲.旅游礼仪教程［M］.长沙：湖南大学出版社,2006.

［6］杨茳,赵梓汝.礼仪师培训教程［M］.北京：人民交通出版社,2007.

［7］宏阔,刘小红.航空服务礼仪概论［M］.北京：中国民航出版社,2008.

［8］盛美兰.民航服务礼仪［M］.北京：中国民航出版社,2011.

［9］张美娟,魏桂花.航空服务礼仪［M］.长春：吉林大学出版社,2014.

［10］李丽.旅游行业礼仪实训教程［M］.2 版.北京：北京大学出版社,2014.

［11］周为民,杨桂芹.民用航空服务礼仪［M］.北京：清华大学出版社,2015.

［12］民航教程编委会编.航空服务礼仪与化妆［M］.北京：经济日报出版社,2015.

［13］于丽娟.旅游服务礼仪实训教程［M］.北京：经济管理出版社,2015.

［14］熊鹤群.旅游礼仪实务教程［M］.武汉：华中科技大学出版社,2016.

［15］陈济.中华文明礼仪［M］.北京：高等教育出版社,2017.

［16］董淑霞,苗俊霞,李南.航空服务礼仪［M］.北京：首都经济贸易大学出版社,2017.

［17］吴忠军.中外民俗［M］.大连：东北财经大学出版社,2018.

［18］梁颖,陈杰峰.旅游礼仪［M］.上海：上海交通大学出版社,2017.

［19］金正昆.社交礼仪教程［M］.6 版.北京：中国人民大学出版社,2019.

［20］蔡践.礼仪大全［M］.北京：当代世界出版社,2007.

［21］徐兆寿.旅游服务礼仪［M］.北京：北京大学出版社,2013.

［22］胡伟,邹秋珍.演讲与口才［M］.北京：清华大学出版社,2020.

［23］林成益,帅学华.现代礼仪修养教程［M］.杭州：浙江大学出版社,2007.

［24］刘吉力,郝锐,王牛.中国礼仪：言谈礼仪［M］.沈阳：东北大学出版社,2018.